암행어사 출두요!

김문수 지음

| 머리말 |

왜 정치를 하는가? 왜 당신인가?

　1980년 초등학교 6학년 때 광주의 형 누나들이 총에 맞아 죽은 모습을 본 호남사람으로서 1988년 대학에 들어가서 당연히 누구나 하는 학생운동, 민주화 운동을 했습니다. 살인마 군부 독재자가 쿠데타와 체육관 간접선거로 대통령 자리에 앉았을 때, 우리는 "호헌철폐, 독재타도"를 외치며 대통령 직선제를 얻어냈습니다. 큰 승리라고 여겼습니다.
　그러나 또 그 군부의 친구가 당선되었습니다. 둘 다 이해할 수 없는 일이었습니다. 국민이라면 모두 정의의 편인 줄 알았지만 그렇지 않았습니다. 국민이라면 모두 우리를 선택해 주리라 생각했지만 전혀 그렇지 않았습니다.

　광주민주화운동을 겪은 후 17년 만에 김대중 대통령, 노무현 대통령이 당선되고 다시는 권력을 빼앗기지 말자며 다짐했습니다. 그리고 어떤 사람은 청와대로, 또 어떤 사람은 국회로 갔습니다. 어떤 사람은 시장, 군수, 구청장, 지방의원이 되었습니다.
　야인생활만 하던 민주당의 정치인들과 학생운동 출신들은 권력을 통해 정의를 실현하자며 통쾌함을 느꼈습니다. 하지만 두 분의 대통령님과는 달리 민주화 운동, 학생운동 하던 사람들은 권력에 취한 듯했습니다. 군부독재 치하에서 목숨 걸고 투쟁하던 처절한 희생정신은 사라져간 듯했습니다.

자본주의 사회의 기업운영, 기술발전, 부동산과 자본의 메커니즘을 잘 모를 뿐 아니라 영업 한번 안 해 본 사람들이 권력에만 취해 국민의 삶과 경제를 잘 챙기지 못하고 결국 기득권의 편만 들고 마는 결과를 낳았습니다. 전통적인 지지자들도 돌아서기 시작했습니다.

그리고 2017년 민주당의 새로운 지도자 이재명이 나타났습니다. 이재명은 묵은 이념을 내려놓고 공정과 실용주의를 내세웠습니다. 국민의 삶과 현실의 문제를 구체적으로 해결해나가는 새로운 정치를 보여주었습니다. 이것이 민주당이 나아갈 길입니다.

김문수는 왜 정치를 하는가? 왜 김문수인가?

정치는 희소한 가치의 권위적 배분이라고 합니다. 제가 살아온 삶을 돌아보면 회사에 다니거나 영업활동을 하면서 급여나 소득이 들어왔을 때의 기쁨보다는 정치를 하면서 공익적 문제를 해결했을 때, 여야 간의 갈등 조정을 통해 합의점을 끌어낼 때, 사회 문제를 이슈화, 공론화했을 때의 기쁨이 훨씬 컸던 기억이 납니다. 확실히 저는 정치할 때 열정과 에너지가 분출되는 사람입니다.

저는 부당한 일에 분노하고 소리지를 줄 아는 용기가 있습니다. 기득권들이 가져다줄 유혹에 흔들리지 않을 곧은 정신이 있습니다. 서민들의 아픔을 함께 아파할 측은지심이 있습니다. 우리가 이루어야 할 시대정신을 내다보고 앞서가는 지도자를 찾아낼 줄 압니다. 지방의원 출신답게 골목골목 국민 생활 속에서 발생하는 문제점을 잘 발견하고 이를 체계적으로 해결할 줄 압니다. 그래서 정치는 김문수가 잘할 수 있다고 확신합니다.

이 책에 제가 지금까지 살아오면서 겪은 인생 경험과 정치 경험, 그리고 이재명 당 대표와의 인연을 통해 다져진 정치철학과 비전을 담아 봤습니다. 저의 경험과 생각들을 너무나 잘 정리해주신 박선주 작가님과 저의 활동을 지켜봐 주시고 응원해주시는 순천 시민들, 이재명 대표님과 함께하는 동지님들, 사랑하는 어머니, 장인 장모님, 아내와 딸, 아들, 대견이 등 가족들께 진심으로 감사드립니다.

저는 부당한 일에 분노하고 소리지를 줄 아는 용기가 있습니다.

기득권들이 가져다줄 유혹에 흔들리지 않을 곧은 정신이 있습니다.

서민들의 아픔을 함께 아파할 측은지심이 있습니다.

우리가 이루어야 할 시대정신을 내다보고

앞서가는 지도자를 찾아낼 줄 압니다.

지방의원 출신답게 골목골목 국민 생활 속에서 발생하는

문제점을 잘 발견하고 이를 체계적으로 해결할 줄 압니다.

그래서 정치는 김문수가 잘할 수 있다고 확신합니다.

> 추천사

이재명 더불어민주당 대표

　김문수 특보의 〈암행어사 출두요!〉 책 출판을 축하드립니다. 더불어민주당 대표 이재명입니다.

　이 책에는 서울시의원 시절부터 지금 순천에서의 활동까지 김문수 특보가 발로 뛰며 국민과 소통한 이야기, 좋은 정치를 위해 애써온 치열한 이야기가 담겨 있습니다. 김문수 특보가 꿈꾸는 실용주의 정치, 행동하는 정치가 이 책의 제목처럼 국민 삶을 바꾸는 '암행어사'가 되어 대한민국의 더 나은 미래에 기여할 수 있기를 바랍니다.

박홍근 국회의원(전 더불어민주당 원내대표)

자신의 모습을 활자화하여 사람들에게 보인다는 것은 대단한 정성이고 큰 다짐입니다. 책 출판을 진심으로 축하드립니다.

김문수 당 대표 특보와 저는 효천고등학교 선후배로, 80년대 시대의 아픔을 함께 넘어온 동지로, 민생현장에서 땀 흘리는 동료 정치인으로 그렇게 오래 함께 한 인연입니다.

페이지마다 열정과 성실함이 새겨 있는 이 책을 통해 여러분도 김문수 특보의 걸어온 길과 정치에 대한 신념을 만나볼 수 있을 것입니다. 그의 따뜻하고 정의로운 사람됨을 오롯이 느낄 수 있을 것입니다.

시의원 시절 국민을 위한 정책을 만드는 일에 혼신을 다하고, 불의한 일에 거침없이 막아서는 그의 행보는 이 시대가 간절히 원하는 정치인의 모습이라고 할 수 있습니다. 또 지금 순천의 현장 곳곳을 누비며 후쿠시마 핵 오염수 방류 반대 서명운동을 펼치고, 검찰 독재정권에 맞서는 그의 투쟁은 대한민국 정치에 큰 동력입니다. 그리고 보편적 복지와 기본소득에 대한 철학, 정치 혁신에 대한 소신 등에서 김문수의 더 큰 성장을 기대하게 됩니다.

그런 의미에서 김문수의 〈암행어사 출두요!〉는 퇴행의 정치 시대에 경종을 울리는 책이라고 생각합니다. 많은 분의 가슴에 울림으로 남기를 바랍니다.

박찬대 최고위원(국회의원)

　순천 김문수의 〈암행어사 출두요!〉 책 출판을 진심으로 축하드립니다. 김문수 당 대표 특보는 저에게 각별한 인연이자 누구보다 신뢰하는 정치적 동지입니다.

　이 책은 그동안 김문수 특보가 살아온 인생역정과 정치 활동, 정치철학을 고스란히 잘 담고 있습니다.
　정치를 시작한 동기, 이재명 당 대표와의 각별한 인연, 서울시의원으로서 친일인명사전 보급, 누리과정 보육예산 국비 확보 투쟁, 사립학교 투명성 강화를 위한 활동, 이동관 아들 학폭에 대한 문제 제기, 보편적 복지와 기본소득에 대한 소신, 기득권화된 호남과 민주당에 대한 정치 혁신, 윤석열 정권과 가족 비리 등에 대한 폭로, 후쿠시마 핵 오염수 방류 반대 서명운동, 검찰 독재정권과 민주주의 운동 등이 잘 소개되어 있습니다. 김문수의 과거와 현재, 미래를 한눈에 보는 것 같습니다.

　작년부터 김문수는 순천의 현장에서 온몸으로 열심히 뛰고 있습니다. 민생과 공정, 혁신과 개혁을 외치며 국민 삶 가장 낮은 곳으로 향하는 그의 발걸음에서 정치에 대한 진정성을 강하게 느낄 수 있었습니다. 그래서 김문수의 미래를 온 마음을 다해 응원하게 됩니다.

　윤석열 검찰 독재정권이 만들어낸 암울한 시대에 경종을 울리는 책 〈암행어사 출두요〉의 출판을 다시 한번 축하드립니다.

임종성 경기도당위원장(국회의원)

더불어민주당 경기도당 서비스센터장 국회의원 임종성입니다.
순천에 암행어사가 출두했다고 들었습니다. 김문수 암행어사!
책 〈암행어사 출두요!〉 출판을 진심으로 축하드립니다.

김문수 동지는 지난 대선 때 이재명 대통령, 대동세상, 억강부약의 꿈을 꾸던 동지 중의 동지입니다. 누구보다 이재명 대표의 철학과 가치를 공유하는 사람입니다.

〈암행어사 출두요!〉에는 이재명 대표와 혼연일체가 되어 민생과 정의를 위해 싸우는 김문수의 삶이 그대로 담겨 있습니다.
적극적으로 추천해 드립니다. 그의 작은 몸에서 나오는 민주. 민생, 평화를 위한 의지를 확인할 수 있을 것입니다.
그리고 암행어사가 되어 앞으로 그가 그려낼 희망찬 정치에 큰 박수를 보냅니다.

| **머리말** | 왜 정치를 하는가? 왜 당신인가?

추천사

1장. 암행어사의 이름

내 별명은 암행어사 21
개천에서도 용이 나야 한다 27
영화 1987과 김문수의 1987 35

2장. 암행어사의 신념

권력과 권한 47
정치에도 소질이 필요하다 55
이재명이라는 정치적 스승 62
문제가 생기면 빨리 해결하라! 69
협치의 기본, 화이부동(和而不同)과 구동존이(求同存異) 85
연암에게서 실용정치를 배우다 92

3장. 암행어사의 시대

새날이 오기 전 어둠이 가장 짙다　　　　　　　　　　**105**

홍범도 장군과 친일인명사전　　　　　　　　　　　　**113**

다시, 민주주의를 외치다　　　　　　　　　　　　　　**123**

나의 정치적 동지, 김용과 정진상　　　　　　　　　　**129**

오염수, 너희들이나 먹어라　　　　　　　　　　　　　**136**

혁신도 없고 감동도 없다　　　　　　　　　　　　　　**144**

검사 탄핵안, 찬성 서명하셨습니까　　　　　　　　　**151**

내가 증인이다　　　　　　　　　　　　　　　　　　　**157**

전입신고를 하다　　　　　　　　　　　　　　　　　　**166**

순천 2석과 전입 운동　　　　　　　　　　　　　　　**173**

4장. 암행어사의 희망

보편적 복지와 기본소득　　　　　　　　　　　　　　**181**

북유럽 교육에서 배우는 보편적 복지　　　　　　　　**189**

아이들이 행복해지는 교육　　　　　　　　　　　　　**196**

1장. 암행어사의 이름

- 내 별명은 암행어사
- 개천에서도 용이 나야 한다
- 영화 1987과 김문수의 1987

내 별명은 암행어사

이상한 주문

　어릴 적 내 별명은 암행어사였다. 장난꾸러기 친구들은 어디서건 내가 나타나기만 하면 "암행어사 출두요~"라고 소리를 길게 빼어가며 노래 부르듯 놀리곤 했다. 놀림은 놀림인데 웬일인지 놀리는 사람이나 놀림을 받는 사람이나 모두 폼나는 그 별명이 나는 내심 좋았다. 그도 그럴 것이 그 나이 때 아이들이 별명을 붙이는 방식은 대부분 유치한 발상에서 비롯되는데 외모나 행동에 특징이 없는 아이는 주로 이름이 타깃이 된다. 성이 황씨인 아이는 '황소', 민우라는 이름을 가진 아이는 맥락도 없이 '만두'가 되는 식이다. 나 역시 이런 식이면 김문수의 문자를 따서 '문어대가리' 정도가 되어야 했겠지만 나를 구제해준 것은 바로 조선 시대의 위인 어사 박문수였다. 얼마나 다행인가? 일단 아이들이 '출두요'를 외쳐주어서 항상 주목받는 등장을 할 수 있어서 좋았고, 무엇보다도 내 별명이 정의로움의 상징이어서 어린 마음에도 늘 자랑스러웠던 것 같다. 그리고 그것은 마치 내게 거는 주문 같았다. 하루에도 몇 번씩 '암행어사'라는 소리를 듣는데 어떻게 나쁜 행동을 할 수 있겠는가? 까불다가도 의젓해지고 숙제를 빼먹고 싶어도 부끄러워지고 친구들이 싸울 때도 말려야 할 것 같은 이상한 주문에 걸리고 말았던 것이다.

・・・

대한민국의 최고 권력자는 국민

　암행어사[暗行御史]는 조선 시대 임금의 특명을 받아 지방정치의 잘잘못과 백성의 사정을 비밀리에 살펴서 부정 관리를 징계하던 임시 관리이다. 즉 임금의 눈과 귀가 되어 부정한 기득권을 타파하고 백성들의 삶의 모습을 살펴 정치에 반영하게 하는 역할이라고 할 수 있다. 왕의 눈과 귀에는 두 가지 종류가 있다. 제국주의와 독재정치를 펼치는 왕은 백성을 착취하고 식민지를 감시하기 위해 자신의 눈과 귀를 보낸다. 하지만 덕의 정치를 펼치는 왕은 백성을 살피고 살리기 위해 눈과 귀가 필요하다.

　조선의 최고 권력자가 왕이었다면 현대 대한민국의 최고 권력자는 누구일까? 헌법이 명시한 최고 권력자는 바로 국민, 시민이다. 그러나 나라 곳곳을 둘러보면 권력자가 누구인지를 착각하며 살아가는 이들이 너무 많다. 자리가 권력인 양, 돈이 권력인 양, 학벌이 권력인 양 행세하며 진짜 권력 위에 군림하고 진짜 권력을 억압하고 부정하려고 하는 가짜 권력이 너무 많다. 가짜 권력에 납작 엎드려 자신의 태생과 실존이 무엇인지 망각하며 살아가는 가여운 진짜 권력이 너무 많다.

내 별명은 확실히 운명의 주문이었나 보다. 시민단체에서 활동하다 시의원으로, 그리고 다시 중앙정치로 향하는 나의 발걸음을 돌아보면 그렇다. 누가 시키지 않는데도 억압받고 소외당하는 사람들, 억울하고 피해받는 사람들, 서럽고 아픈 사람들을 보면 자꾸 해결자가 되는 길을 걸어왔다. 예산 편성이 되지 않아 누리과정에서 제외될 위기에 처한 어린이집이 그랬고, 대기업 SSM의 횡포에 죽어가는 골목 상인들이 그랬고, 사립학교의 파행으로 공부할 기회를 잃어버릴 뻔한 학생들이 그랬다. 누군가 무더운 거리에서 서명운동을 하면 그 막막한 호소가 나를 붙잡았고 불합리한 법에 막혀 일자리를 잃어야 하는 사정이 들려오면 가만히 있을 수가 없었다. 그러다 보니, 보는 사람에 따라서는 쓸데없이 오지랖 넓고 괜한 문제만 일으키고 다니는 시끄럽고 귀찮은 초보 정치인이었을 것이다.

2023년 대한민국 정치판에는 왜곡된 암행어사가 여기저기에서 출몰하고 있다. 대통령이 최고 존엄이 되어 자신의 눈과 귀를 여기저기 임명하고 있다. 자신의 치부를 드러내거나 자신의 말에 반대하는 모든 것을 감시하느라 혈안이 되어있는 것 같다. 언론 기사를 검열하고 야당 인사를 기소하고 시민단체를 감찰하는 일을 서슴지 않고 행하고 있다. 마치 7, 80년대로 회귀한 것 같은 믿기지 않는 일들이 하루가 멀다 하고 일어나고 있다. 이것이 내가 오지랖 넓은 정치인의 길을 계속 가려는 이유이다.

...

정치인은 국민이 임명한 암행어사

정치인으로서 내가 중요하게 생각하는 두 가지 단어가 있다. 바로 '공정'과 '실용'이다. 부정부패와 싸우는 것이 '공정'이라면 민생을 살펴 이롭게 하는 것이 '실용'이다. 공교롭게도 이것은 바로 조선의 암행어사가 했던 일이다. 그렇다. 현대의 정치인은 바로 국민이 임명한 암행어사이다. 국민의 눈과 귀이다. 국민이 생업에 종사하는 동안 모두의 대원칙인 민주주의가 훼손되지 않도록 국민의 권력을 권한으로 위임받은 존재가 바로 정치인, 국민의 대표인 것이다.

국가란 무엇인가? 바로 국민이 국가이다. 국익이란 무엇인가? 바로 국민의 이익이 국익이다. 국민이란 무엇인가? 대다수 사람, 열심히 일하고 열심히 투표하고 열심히 세금 내는 대한민국 대다수 사람이 국민이다.

그런데도 지금의 정권은 이상한 국가론, 이상한 국익론을 주장하고 있다. 후쿠시마 오염수 방류에 대해 국민 80%가 걱정하고 반대하면 국익에 어긋난다고 말한다. 도시 한복판에서 일어난 참사를 슬퍼하고 진상규명을 요구하면 반국가적 행위라고 말한다. 부자의 세금을 깎아주고 서민들의 물가를 올리며 국민의 살림살이를 위한다고 말한다. 언론 기사를 탄압하고 노동자의 시위를 막으며 자유민주주의를 외친다.

"금술잔의 좋은 술은 만백성의 피요, 옥쟁반의 맛좋은 안주는 만백성의 기름이라. 촛농 흐를 때 백성의 눈물이 떨어지고 노랫소리 높은 곳에 원망 소리 높도다."

이제 암행어사가 출두할 시간이다. 소설 〈춘향전〉의 백미로 꼽히는 이 장면이 2023년 대한민국 정치의 희망이 될 시간이다. 부정한 탐관오리를 응징하고 자유의 참된 가치를 바로 세우며 누가 국가의 주인인지를 똑바로 보여주어야 할 시간이다.

김문수의 정치적 이름은 암행어사이다.

개천에서도 용이 나야 한다

나는 개천에서 난 용이었다

　나는 전라남도 순천 송광면에서 태어나 어린 시절을 보냈다. 전형적인 시골 촌놈이다. 부모님의 가장 큰 재산은 부지런함이었지만 농사로 먹고사는 우리는 항상 가난했다. 그래도 아버지의 곡식처럼 우리는 열심히 열심히 자라기만 하면 되었던 평화로운 나날이었던 것 같다.
　지금도 그 마을의 풍경이 눈에 선하다. 이상하게도 그 가난한 일상이 나에게는 단 한순간도 결핍으로 느껴지지 않는다. 농사일을 마친 늦은 저녁이면 아버지와 마주 앉아 한글 공부를 했고 추운 겨울날 밤 어머니의 따뜻한 등에 업혀 밤마실을 나가기도 했다. '노올~자'라는 친구의 부름에 뛰쳐나가 온종일 들판이며 개울을 쏘다니다가 해가 지면 모락 모락 연기가 올라오는 우리 집 굴뚝이 그렇게 좋을 수가 없었다.

돌보지 않음으로써 돌보았던 부모님의 사랑. 내가 다닌 학교는 마을 한가운데에 있었다. 운동장에서 조회를 하거나 상장을 수여할 때면 학교 스피커를 통해 소리가 온 동네로 퍼져 나간다. 그야말로 아이들의 학교생활이 들에서 일하시는 부모들에게 생중계되는 시스템이었다. 초라한 우리 부모님은 학교에 한 번도 찾아오지 못하셨지만, 아들의 우등상 타는 소리, 쩌렁쩌렁한 목소리로 단상 위에서 웅변하는 소리를 들으며 아들을 응원하고 아들을 자랑스러워하셨다. 그리고 늦은 밤 공부하는 아들 뒤에 앉아 피곤한 몸을 누이시지도 않고 말없이 지켜주시던 어머니의 묵묵한 사랑.

가진 것 없는 시골에서 공부를 잘한다는 것은 희망이었다. 나는 부모님의 정직한 희망이었다. 뿌린 만큼, 흘린 땀만큼 거두며 살아온 부모님의 철학은 고스란히 자식에게도 이어져 부모님이 일하는 모습처럼 그렇게 성실하게, 정직하게 공부를 하는 학생으로 성장하고 싶었다. 비싼 참고서도 없었고 과외나 학원은 꿈도 꿀 수 없는 환경이었지만 중학교에 가고 고등학교에 가고 대학을 가는 동안 아버지의 성실한 노동이 최고의 후원이었다. 어머니가 지켜주시는 수많은 밤이 최고의 지지였다.

부모님의 부담을 덜어주고자 순천 시내의 명문고 대신 새로 생긴 고등학교에 장학생으로 입학을 해 공부를 이어갔고 서울에 먼저 자리 잡은 큰 누나의 도움을 받아 대학입학 준비를 해서 고려대학교에 입학했다. 시골 깡촌 출신이 도시의 아이들과 실력을 겨루고 공부하는 일이 결코 쉬었던 것은 아니다. 가난한 집 아이가 공부하는 데는 온 가족의 희생이 필요할 때가 많다. 허름한 다락방이지만 누나는 방을 얻어주고 매일 도시락과 차비를 챙겨주었다. 고생하는 부모님과 누나를 보며 내가 할 수 있는 최선의 일은 당연히 공부뿐이었다. 정말 이를 악물고 공부를 했던 것 같다. 내가 그들의 희망이고 빛이었다. 가난이 대물림되지 않을 유일한 길이 바로 공부였다.

공부를 조금 잘하는 바람에 이렇게 된 것이다. 아예 공부에 소질이 없었더라면 일찌감치 밥벌이할 궁리를 하여 가족에게 보탬이 될 길을 찾았을 것이다. 그 시절엔 다 그랬다. 특히 가난한 농촌에서 자식들을 상업고등학교나 공업고등학교에 보낼 수 있으면 다행인 일이다. 그랬던 시절에 하필 공부에 싹수를 보여 부모님의 희망이 되고 말았으니 내가 그 유명한 '개천에서 용 난다'라는 경우일 것이다. 그야말로 나는 개천의 용이었다. 전라도 촌구석에 있는 작은 마을에서 서울의 명문대 합격생이 나왔으니 온 마을이 잔치였다. "수고했다" 아버지는 이 한마디만 건네셨지만, 사실은 그 어떤 눈물보다도 뜨거운 한마디였다. 물론 얼마 후 아들이 데모꾼이 될 줄은 꿈에도 모르셨겠지만 말이다.

내가 다닌 고려대학교에는 개천에서 나온 용들이 많았다. 지방 도시나 농어촌에서 상경해 공부하느라 서울 아이들보다 경제적으로 쪼들리고 행색도 촌스러웠지만, 그것도 낭만이었고 사실 서울 출신 아이들도 가난하기는 매한가지여서 크게 위화감도 느끼지 않았던 것 같다. 학생이 가난한 것이 당연한 일 아닌가?

개천 용 신화는 우리나라의 독특한 사회구조의 영향 속에서 생겨났다. 정치가 미성숙한 상태로 산업화가 진행된 우리 사회에서 그래도 교육이 계층 간의 격차 해소를 해주는 유일한 공정이라고 여겨졌던 것이다. 우리나라가 교육열이 특히 높은 것도 그런 이유이다. 어쨌거나 이런 상황에서는 경쟁도 해 볼 만했다. 부자이건 가난하건 적어도 공교육의 장에서는 공평한 시합을 하기 때문이다.

・・・

부모의 부와 권력이 대물림되는 시대

그러나 이제 개천에서 용이 나지 않는 시대라고 한다. 아마 내가 마지막 개천 용 세대였나 보다. 최근 더불어민주당 강득구 의원과 '사교육걱정없는세상'이 교육부로부터 받은 자료에 따르면, 2022학년 서울대 정시 등록자 중 강남 3구 출신이 22.1%이고 전국 의대 정시 등록자 역시 강남 3구 출신이 22.7%에 달한다고 한다. 문제는 정시 합격자의 상당수가 고가의 사교육을 바탕으로 입시를 준비하는 N수생이라는 점이다. 수도권 쏠림 현상도 심각하다. 2022학년 기준 서울대 정시 신입생 중 수도권 출신은 78.4%이다.

이제는 경쟁의 틀이 달라졌다. 공교육이 제 기능을 잃어버리고 사교육이 실질적인 교육기관이 되어버렸다. 이렇게 되면 애당초 '경쟁'이라는 말이 무의미해진다. 물론 부모의 부도 경쟁의 조건이라면 할 말이 없다. 하지만 금수저, 흙수저라는 말이 생겨난 이 사회에서 우리 아이들에게 어떻게 '자유경쟁'의 가치를 말할 수 있을까? 아무리 공부해도 제자리일 뿐인데 어떤 명분으로 열심히 하라고 말할 수 있을까? 그저 평범할 뿐인 모든 부모는 어떻게 자식들의 미래에 용서를 빌어야 할까? 금수저와 흙수저만 존재하는 세상, 이것이 바로 양극화이다.

부유한 환경에서 공부해 서울대 법대를 나온 엘리트 검사 출신 대통령은 가는 자리마다 '자유, 자유'를 외친다. 가만히 들어보면 그 자유는 경쟁할 자유, 능력주의의 자유이다. 그야말로 시장 논리이다. 그런데 애당초 경쟁의 시스템이 불균형하고 불평등하고 불공정한 지금의 사회에서 그 말은 결국 기득권, 부자의 자유라는 말밖에 되지 않는다. 소수를 위한 자유, 그리고 다수는 배제되고 기회조차 주지 않는 자유 말이다.

양극화의 시대를 살며 문득 정신을 차려보니 대부분 서민이 다 개천에서 살아가고 있다는 기분이 든다. 그리고 그 개천에서는 이제 더는 용이 나올 수 없다는 것을 깨닫게 된다. 저마다 자신의 삶에서 용이 되기를 꿈꾸는 청소년들과 청년들의 좌절이 가슴 아프다. 무엇보다도 대한민국의 미래가 암울하다.

이제 대한민국 학생들에게 물어야 한다. 청년 세대에게 말하게 해야 한다. 불공정한 시스템을 바꿀 수 있는 해법이 무엇인지 말이다. 그들이 교육의 진짜 주체이다. 관료, 정치인, 전문가들이 제도를 뜯어고칠

때 그들의 목소리에 귀 기울인 적이 있었던가? 그들이 답을 알고 있을 것이다. 나도 용이 되고 친구도 용이 될 수 있는 훌륭한 해법을 알고 있을 것이다. 찾아가는 것, 경청하는 것, 반영하는 것, 이것이 정치의 책무이고 어른들의 자세가 아닐까?

• • •

모두가 1등이 되는 교육

철학자 니체에 의하면 고대 그리스에서는 진리란 보편적인 진리가 있는 것이 아니라 경쟁 속에서 두드러지는 것으로 보았다고 한다. 아곤(Agon)이 그것이다. 예를 들어 올림픽 경기는 체력적 아곤의 장이라고 말할 수 있다. 경쟁하면서 커나가는 장이라는 말이다. 반대는 안타곤(Anatagon)으로 적대적이다. 아곤이 내가 크기 위해 상대를 필요로 하고 경쟁하는 것이라면 안타곤은 제압하고 해체해서 지배하는 것이다. 이 둘의 차이는 문화의 차이이다. 경쟁을 통해 스스로 성장할 수 있는 문화와 독식을 고집하는 문화의 차이이다. 진리는 경쟁하는 것이지 챔피언을 뽑는 게 아니라는 그리스인들의 지혜를 엿볼 수 있는 언어이다.

우리 교육현장도 아곤이 되어야 한다. 1등만이 독식하는 사회, 하나의 기준으로 등급을 매기는 사회가 우리 교육현장을 안타곤으로 만들었다. 경쟁하되 각자의 탁월함을 경쟁해야 한다. 서로 차이나는 탁월함으로 경쟁해야 한다. 적대 없이 경쟁하면서 새로운 것을 창안하고 창조하게 해야 한다. 그렇게 해야 창의성이 만들어지고 저마다 성장하는 교육이 된다. 그렇지 않은 사회에서는 결국 자본과 권력의 힘을 동원해 서열 싸움만 해야 하고 그것은 사회의 큰 갈등이 될 뿐만 아니라 인재를 제대로 양성해내지 못하는 국가적 손실을 가져오게 될 것이다.

온 나라의 크고 작은 개천에서 다양한 아름다움을 지닌 용들이 힘차게 솟구치기를.

영화 1987과 김문수의 1987

1987, 우리의 뜨거운 마음

    2017년에 개봉한 영화 1987을 나는 극장에서 관람했다. 평론가들의 극찬과 높은 평점이 말해주듯이 정말 잘 만들어진 영화였다. 역사에 대한 묵직한 주제의식도 좋았고 시대를 재현하는 섬세함, 배우들의 울림 있는 연기, 잘 어우러진 스토리 등이 나무랄 데 없는 영화가 맞았다. 그런데 웬일인지 나는 영화를 보는 내내 뭔가 마음이 이상했다. 어리둥절했다고 할까. 내가 살았던 시간과 공간이 아직 나의 생애가 끝나지 않았음에도 이렇게 영화로 만들어진 게 그랬던 것이다. 뒤돌아보면 금방이라도 손에 닿을 것 같은 나날들인데, 아직도 나는 그 나날들을 살아가고 있는 것 같은데 영화로 만들어지니 꼭 시간이 박제되어버리는 것 같은 느낌이었다.

　그렇게 이상한 마음과 싸우며 영화를 보았는데 반전은 마지막에서 일어났다. 영화의 마지막 장면에서 '그날이 오면'이라는 노래가 울려 퍼지고 문익환 목사의 절규와 함께 엔딩 크레딧이 올라갈 때였다. 자리에서 몸을 일으키던 나는 알 수 없는 힘에 이끌려 다시 의자에 주저앉아 버렸다. 그리고 지금껏 눈물을 참고 있었던 사람인 양 통곡을 하고 말았다. 주체할 수 없는 눈물이었다. 내가 왜 우는지도 모를 눈물이었다. 그러면서 나는 깨달았다. 이 영화는 결코 박제될 수 없는 우리들의 뜨거운 마음에 대한 이야기라는 것을.

　나는 1987년에 종로학원에 다니는 재수생이었다. 대입에 실패하지 않았더라면 영화 속 주인공처럼 87학번 신입생이겠지만 나의 현실은 매일 54번 버스에 몸을 싣고 학원을 오가는 신세였다. 그해 봄 동대문구 장안동 누나 집에서 서울역 부근 학원까지 가는 길은 고난의 연속이었다. 시위대에 막혀 버스가 멈춰서기도 했고 버스 안까지 들어온 최루가스로 눈물에 콧물까지 흘리며 고통스러웠다. 고려대학교 학생들은 제기동, 신설동 거리로 쏟아져 나와 '독재타도', '호헌철폐'를 외쳤다. 겨우 몇 번의 구호를 외치고 나면 어김없이 전투경찰들이 달려왔고 대열은 순식간에 아수라장이 되며 흩어진다. 매캐한 연기 속에서 도망가고 넘어지고 잡혀가는 그들의 모습이 내 눈에는 정말 무모해 보였다. 저런 구호가, 저런 시위가 무엇을 바꿀 수 있다는 말인가? 어린 학생들이 저런다고 대통령이 꿈쩍이나 할 것인가? 박종철이란 대학생도 잡혀가 죽었다는데? 생각해보면 국민학생이던 1980년 5월 광주에서 들려온 소식은 어린 나에게 공포 그 자체였다. 국민에게는 아무런 힘이 없는 것이구나, 나라에 대들면 안 되는 것이구나, 이런 두려운 생각에 사로잡혔던 것 같다.

"그런다고 세상이 바뀌어요?" 영화 속 연희의 이 대사가 54번 버스 안에 있던 나의 마음이었다. 계란으로 바위 치는 것과 같은 일이라고 생각했다. 그런데 세상은 진짜 바뀌었다. 6월 9일 연세대학교 정문 앞에서 시위가 있었는데 대학생 이한열이 최루탄 파편에 맞아 쓰러진 것이다. 나중에 안 사실이지만 이한열도 나처럼 전라도 촌구석 출신의 학생이었다. 누구보다 성실한 학생이었을 것이고 한 어머니의 자랑스러운 아들이었을 것이고 누군가의 소중한 친구였을 것이다. 나는 처음으로 '민주화 투쟁'이란 말 안의 실존을 깨달았다. 선량한 학생도 국가권력에 의해 얼마든지 쓰러질 수 있다는 것을, 우리는 결코 시대로부터 자유로울 수 없다는 것을.

그리고 거리로 쏟아져 나온 시민들의 행렬이 계속되었다. 아, 이런 게 민주주의이구나. 민주주의란 처음부터 결정된 제도가 아니라 수많은 사람이 시대의 바통을 넘기며 계주를 하듯 달려가는 것이구나. 1987년 6월 종로 중심가를 달리는 버스 안에서 거대한 바위를 향해 날아가는 계란들의 질주를 보며 나는 마음속이 뜨거워졌다. 나의 진로는 이때 결정되었다.

사진출처『6월항쟁 공식홈페이지』

586 세대와 MZ 세대의 젊음을 위하여

1988년 나는 고려대학교 정치외교학과에 입학했다. 여전히 소심한 성격이었고 공부를 열심히 하라는 가족들의 무언 압박도 있었지만 시대를 외면할 수가 없었다. 과대표를 맡고 운동권 학생이 되었다. 사실 나뿐만 아니라 당시 대학에 다니던 많은 친구들이 그랬을 것이다. 학생운동의 선봉에 서지는 못해도 그 언저리에서라도 머물며 고뇌해야 했던 시절이었다. 그래서 가끔은 그 시대의 젊음들이 안쓰럽게 느껴진다. 여전히 군부독재가 끝나지 않는 현실 속에서 공부하는 것도, 연애하는 것도, 청춘을 즐기는 것도 괜스레 불편해야 했던 우리들이었다. 누군가가 수배되고 잡혀갈 때면 두려웠고 낮은 학점을 받으면 미래가 걱정되었다. 그런데도 나는 그 길을 가고 있었다.

언젠가 유시민 작가가 TV 프로그램에 나와 대학생이 총을 이길 수는 없어 보였음에도 꿋꿋하게 목소리를 낸 이유에 대해 이렇게 말했다. "너무 못나 보이잖아. 그냥 있으면. …… 내 삶의 방식에 비천함과 비겁함을 느끼고 싶지 않아서." 나는 그 말에 위로를 받았다. 정말 그랬다. 나를 지키고 싶었던 것이다. 비록 이길 수 없는 싸움일지라도 비천해지지는 않고 싶었던 것이다.

요즘 민주당 내에서 586 용퇴론이 심심찮게 회자하고 있다. 80년대의 학생운동 이력을 기반으로 정치에 입문한 사람들이 이제 혁신에 걸림돌이 된다는 뜻인 것 같다. 물론 민주당은 그 역사가 오래된 만큼 혁신이 필요하다. 또 몇몇 586세대 정치인들이 구태정치인 행보를 하는 경우도 간혹 있는 것 같다. 하지만 왠지 씁쓸하다. 정치 신인인 내가 그들의 대변자가 될 자격은 없지만 586 용퇴론을 듣고 있노라면 마치 586세대가 뭐 대단한 영예와 혜택을 누려온 듯 몰아치는 것 같다는 느낌을 지울 수가 없다. 젊음을 송두리째 민주화 운동에 바친 그들이 정치에 발을 들였다고 해서 그 길이 꽃길이었겠는가. 지금 시대의 청년정치인들처럼 열렬히 환영받았겠는가. 소외된 자리에서 경험 없는 정치인이라는 조롱을 받으며 묵묵히 진보정치를 지켜온 이들이 586세대 선배 정치인들이다. 선거에 졌다고 해서, 당의 혁신이 필요하다고 해서 그 세대들을 싸잡아 꼰대 취급을 하고 청산의 대상으로 치부하는 것은 민주주의가 아니다. 586 용퇴론을 이야기하기 전에 586의 공과에 대한 평가가 이루어져야 하는 것 아닐까? 그리고 586 용퇴 이후 합리적인 대안을 내놓아야 하지 않을까? 적어도 그들의 희생에 대한 감사의 말부터 해야 하는 것 아닐까? 그런데 그런 사람을 나는 보지 못했다.

・・・

우리는 승리할 것이다

　386, 486, 586으로 불리며 민주화의 거대한 물결을 이끌어온 세대는 이제 MZ 세대의 부모가 되었다. MZ 세대의 젊음 또한 아프다. 무한경쟁, 승자독식의 신자유주의 경제체제 안에서 청춘을 청춘답게 살아보지 못하고 고통받고 있다. 나는 가끔 생각해본다. 586세대와 MZ 세대 중 누가 더 불행한 청춘일까? 치열하게 투쟁했건, 치열하게 경쟁했

건 젊음을 제대로 누려보지 못한 것은 마찬가지인 것 같다. 그래서 두 세대는 서로를 위로하고 서로를 안아주어야 한다.

역사는 결코 뒤로 흐르지 않는다. 윤석열 정부의 검찰 독재가 모든 걸 되돌리는 듯 보이지만 4·19혁명에서 5·18민주화운동으로, 6·10항쟁에서 촛불 항쟁으로 이어지는 민중들의 승리의 역사는 계속 진보할 것이다. 우리가 자유로운 존재임을 잊지 않는다면 반드시 그렇게 될 것이다.

2장. 암행어사의 신념

- 권력과 권한
- 정치에도 소질이 필요하다
- 이재명이라는 정치적 스승
- 문제가 생기면 빨리 해결하라
- 협치의 기본, 화이부동(和而不同)과 구동존이(求同存異)
- 연암에게 실용정치를 배우다

권력과 권한

대통령님 공약을 지켜주세요

"대통령님, 공약을 지켜주세요."
"내년 누리과정 예산 교육부 신청액 0원. 국회의원님! 큰일입니다."
"누리과정 공약은 대통령이 했는데, 돈은 왜 교육청이 내야 하나요?"
"초중고 교육환경 개선이 시급합니다. 대통령님, 누리과정+지방교육재정 확대해주세요."

　나는 지방의회 의원 출신이다. 서울시 의회에서 2010년부터 2018년까지 시의원으로 정치 활동을 했다. 말이 좋아 시의원이지 사실 지방의원의 권한은 매우 미미하다. 지방자치단체의 행정을 감시, 견제하는 정도여서 정작 주권자들인 주민을 위해 필요한 일이 생겨도, 그것을 같이 해결하고자 하는 의지가 생겨도 실제로는 아무런 힘이 없는 경우가 대부분이었다. 그만큼 우리나라는 중앙정치의 힘이 지배적인 게 현실이다.

그렇게 힘없는 지방의원이지만 그 약한 힘을 크게 써본 경험이 한 번 있다. 2014년 나는 서울시의회 교육위원장을 맡고 있었다. 당시 박근혜 대통령은 대선 때 '누리과정' 공약을 내걸었다. 내용은 만 0세부터 5세까지 모든 미취학 아동의 유치원과 어린이집 비용을 국가가 내주겠다는 것이다. 국민에게 무상교육을 약속한 것이다. 하지만 당선 이후 이 공약은 지켜지지 않고 있었다. 매년 누리과정에 들어가는 4조 원에 달하는 비용을 지역 교육청에 떠넘기고 예산도 늘려주지 않은 것이다. 이렇게 되면 제한된 예산 안에서 결국 초중고 학교에 가야 할 돈이 줄어들고 그만큼 교육현장은 열악해지게 된다. 급기야 교육청은 어린이집은 보육의 영역이지 교육의 영역이 아니라는 이유를 들어 2016년 예산안을 편성하면서 어린이집 누리과정은 예산을 빼버렸다. 어린이집에 다니는 아이들이 차별받게 되는 불평등이 발생하게 된 것이다.

2014년부터 약속을 지키지 않는 정부와 예산이 부족한 교육청의 기나긴 줄다리기를 지켜보며 참 답답했다. 만약 나에게 대통령의 권한이 있었더라면 특별 예산을 편성해 교육을 국가가 책임지겠다는 약속을 지켜냈을 것이다. 만약 나에게 국회의원의 권한이 있었더라면 현실성 없는 시행령으로 상위법과 충돌하게 해 법치를 깨트리는 정부를 비판하고 어린아이들의 교육을 국가가 전적으로 지원할 수 있는 합리적인 법을 개정했을 것이다. 만약 나에게 교육감의 권한이 있었더라면 누리과정뿐만 아니라 초중고 모든 과정에서 우리 아이들이 충분히 혜택받을 수 있어야 한다고 정부에 맞서 예산을 얻어냈을 것이다.

하지만 현실은 권한이 미미한 지방의원일 뿐이다. 하지만 그렇다고 해서 손 놓고 지켜볼 수는 없는 일이었다. 교육은 국가의 미래를 준비하는 일이다. 그리고 무상교육은 내가 생각하는 가장 현실적인 기회균등안이며 저출산 문제의 중요한 해법이다. 그래서 나의 자리에서 할 수 있는 일을 찾기 시작했다.

누리과정의 해결을 위해 처음으로 했던 일은 일인시위였다. 청와대와 국회 앞에서 동료 의원들을 설득해 릴레이 일인시위를 이어갔다. 대통령과 국회의원들에게 당신들의 권한을 국민을 위해, 우리의 아이들을 위해 행사하라고 외쳤다. 물론 우리의 의견은 반영되지 않았다. 그렇지만 멈추지 않았다. 비록 예산은 편성되지 않았지만 언론과 국민에게 누리과정의 문제점을 전할 수 있었고, 대선 공약인 만큼 국고로 누리과정이 지원되어야 한다는 여론과 학교 교육을 살리기 위해 지금보다 더 많은 교육청 예산이 필요하다는 여론이 점차 생겨나기 시작했다.

또 다른 전략으로 현수막 홍보를 해나가기도 했다. 물론 SNS가 가장 파급력 높은 홍보방안이지만 모든 세대를 다 아우르지 못한다는 한계가 있다. 나이든 어르신들이나 젊은 사람들이나 모두가 한 번씩은 쳐다볼 수 있는 것이 바로 거리의 현수막이다. 단 SNS에 비해 비용이 더 많이 발생한다는 것이 문제이다. 시의회는 예산을 집행할 권한을 갖지 않기 때문에 우리에게는 넉넉한 돈이 없었다. 하지만 상임위에 주어지는 약간의 의정 운영비를 아껴서 어떻게든 현수막을 제작해 내걸 수 있었다. 정부의 방침에 항의하는 현수막이니만큼 여당 의원들의 불편함이 있었지만 토론과 설득을 통해 뜻을 하나로 모을 수 있었다.

예산한 삭감으로 권한을 행사하다

우리의 이런 노력과는 별개로 마침내 2016년 서울시교육청은 어린이집 누리과정 예산을 편성하지 않음으로써 정부의 정책에 반발하고 나섰다. 서울시교육청의 이러한 선택은 사실 법적으로 합당한 측면이 있다. 왜냐하면 우리나라는 교육과 보육이 분리되어 법이 다르게 적용되기 때문이다. 당연히 교육청은 복지시설로 분류된 어린이집에 예산을 주지 않아도 되는 것이다. 그러나 이렇게 되면 앞서 말했듯이 어린이집 아이들이 누리과정의 지원을 받지 못하는 차별과 불평등이 발생한다. 정부의 방침을 따르면 부족한 예산 때문에 학교 교육이 위험해지고 교육청 주장대로 어린이집을 지원하지 않으면 불평등이 발생한다. 이것은 딜레마였다.

나는 '둘 다 안 된다'로 결론을 내렸다. 정부 지원이 결정되기 전까지 누리과정 전체 예산의 집행을 보류하는 것이 최선의 방법이라고 생각했다. 그리고 이 지점에서 드디어 지방의회의 권한을 행사할 기회가 왔다. 바로 예산 심사에서 예산안을 삭감하는 지방의회의 고유 권한을 적극적으로 활용하기로 한 것이다. 예산 삭감은 누리과정의 정부 지원을 촉구하는 강력한 메시지인 동시에, 국민에게 진실을 알리기 위한 이슈 선점이 될 것이라고 판단했다.

물론 동료 의원들의 부정적인 의견이 지배적이었다. 아이들을 볼모로 정치 싸움을 하는 것으로 보일 수도 있고 무엇보다도 아이들 교육에 꼭 필요한 비용을 삭감해버린다는 것 자체가 굉장히 폭력적으로 보일 수 있다. 하지만 잘못된 일은 바로잡아야 한다. 욕먹을 것을 두려워하면 안 된다. 그것이 우리가 배지를 달고 국민에게 세금을 받는 이유이다. 나는 끝까지 동료 의원들을 설득하여 그들의 동의를 마침내 얻어 냈다. 그 결과 2015년 12월 서울시의회 교육위원회는 교육청이 제출한 2016년 예산안 가운데 유치원 누리과정 예산을 전액 삭감하는 안을 통과시켰다. 다만 해당 예산은 다른 곳에 쓰지 않고 유보금으로 남겨서 향후 정부가 지원을 결정하면 곧바로 집행하기로 했다.

결과적으로 국가의 지원은 이루어지지 않았다. 보수언론의 맹공격이 계속되었고 유치원과 어린이집 양쪽에서 거센 항의도 쏟아졌다. 이런 비난 여론에 밀려 유치원과 어린이집에 각각 4.8개월씩 똑같이 예산을 지원하는 추경 예산안을 통과시켰다. 그러나 나는 결코 진 싸움이라고 생각하지 않는다. 이 과정을 통해 누리과정은 정부의 책임이라는 것을 국민에게 제대로 알릴 수 있었고 적어도 이후 누리과정을 둘러싼 논쟁에서 정부나 여당이 더는 거짓말을 할 수 없게 되었으니 말이다.

・・・

권력이 아닌 세상을 바꿀 권한을 원합니다

나는 이 일을 통해 권력과 권한의 문제에 대해 깊이 생각해보게 되었다. 사실 처음에는 누리과정 문제는 법을 만드는 국회의원과 예산을 집행하는 교육감의 일이라고 생각했다. 지방의원이 할 수 있는 일은 극히 미미하다고 여겼다. 하지만 그들은 아무도 움직이지 않았다. 외려 별 것 아닌 권한을 가졌다고 생각했던 지방의회가 적극적으로 권한을 행사하며 이 문제의 해결자가 되고자 했다. 그리고 권한이란 크고 작음이 중요한 게 아니라 '자신의 역할을 제대로 하는 일'이라는 깨달음을 얻었다. 몸으로 부딪치기, 기자회견 하기, 일인 시위하기, 현수막 내걸기, 예산안 통과 안 시키키. 우리가 했던 일련의 이런 행동들은 힘이 없는 지방의원이 최선을 다해 권한을 행사하는 일이었던 것이다.

"권력이 아닌 세상을 바꿀 권한을 원합니다." 더불어민주당 이재명 대표가 국민에게 한 말이다. 나는 이 말에 담긴 정치철학에 깊이 공감한다. 국민이 선출한 정치인들이 가지고 있는 것은 '권력'이 아닌 '권한'일 뿐이다. '권력'은 국민의 권력이고 '권한'은 국민이 맡긴 임무이다. 그리고 그 임무에는 무한책임이 동반된다. 또한 위임받은 권한은 오직 주권자를 위해 행사되어야 한다.

그런데 정치인들은 어떠한가? 대통령 자리에 앉은 사람, 장관 자리에 앉은 사람, 국회의원 자리에 앉은 몇몇 사람들의 면면은 어떠한가? 그들은 권력자가 되려 한다. '대한민국은 민주공화국이다. 대한민국의 주권은 국민에게 있고, 모든 권력은 국민으로부터 나온다'라고 명시한 대한민국 헌법 제 1조를 깡그리 무시하는 헌법 파괴자가 되려 한다. 그리고 자신의 권력에 반대하는 국민을 겁도 없이 '반국가세력'이라고 선포한다.

더 심각한 것은 권력자라고 착각하는 이 세력들이 그래서 아무 일도 하지 않는다는 것이다. 분명히 국민이 시킨 임무, 역할이 있음에도 그 소중한 권한을 제대로 행사하지 않는다는 것이다. 아니 자신들의 사익을 추구하는 데만 열심히 권한인 양 쓰고 있다는 것이다. 국토를 망치고 국민의 건강을 위협하는 일본의 오염수 방류를 두 손 놓고 바라보고 있다. 한반도의 전쟁 위협으로부터 평화를 지켜낼 일을 하지 않고 있다. 국민의 안전을 지키지 않는다. 국민의 미래를 준비하지도 않는다.

무엇보다도 국민의 먹고사는 문제에 관심이 없다.

　나는 민주주의가 밥 먹여준다는 신념을 가지고 있다. 그것은 민주적 질서 속에 활동하는 정치인들이 자신의 권한을 제대로 행사할 때 그렇다. 나 역시 그 권한을 얻고자 국민에게 약속을 한다. 이렇게 국민의 신뢰를 먹고 사는, 그래서 권한을 권한답게 행사하려 지금도 민생의 현장을 땀 흘리며 뛰어다니는 진짜 정치인들이 분명 있다. 나는 그들과 함께 국민 권력을 지켜나가며 민주주의가 얼마나 아름다운 제도인지 보여주는 일꾼이 되고 싶은 것이다.

정치에도 소질이 필요하다

모두가 만족스러운 해법을 찾아서

나는 흙수저 출신이다. 농사짓는 부모님 아래서 어렵게 공부했고 대학 졸업 후 시민운동에 바로 뛰어들다 보니 돈을 많이 버는 가장도 되지 못했다. 그럼에도 불구하고 나는 늘 자산이 많은 사람이라는 자부심을 가지고 살아간다. 나를 응원해주는 가족이 있고, 나를 가슴 뛰게 하는 국가와 국민이 있고, 함께 어깨를 걸고 같은 목소리를 내는 동료들이 있고, 무엇보다도 정의에 대한 강한 믿음이 있기 때문이다.

그리고 지금 나는 정치인으로서 한발 더 나아갈 준비를 하고 있다. 그러면서 정치인으로서 김문수가 가지고 있는, 김문수만의 정치적 소질이 과연 무엇일까 생각해본다. 내가 왜 국민의 대표가 되어야 하는지 스스로에 대한 자기 검열과 다짐이라고 해야 할까?

내가 뽑은 나의 가장 큰 자질은 바로 해법을 찾으려고 한다는 것이다. 어릴 적부터 그랬던 것 같다. 학교가 파하고 나면 온종일 산으로 들로 쏘다니며 놀기 바빴던 나와 친구들이지만 개구쟁이들에게도 고민거리는 있는 법. 축구를 하자고 누군가가 말하면, 꼭 한 쪽에서는 부모님을 도와야 하는 아이, 숙제를 해야 하는 아이 등 축구를 할 수 없는 이유들이 생겨났다. 게다가 축구가 아닌 구슬치기를 하자는 요구도 나온다. 그러면 서로 우기다 끝나거나 아쉬워하며 각자 흩어지기 십상인데 그럴 때 꼭 내가 나선다. 아주 단순하지만 명쾌한 해법. "형, 숙제하고 일 도와주고 다시 모여서 축구하고 저녁에 구슬치기하자."

어린 내가 해법을 내놓을 때 기준은 정말 간단하다. 모두가 만족스러운 해법을 위해 조금씩 기다리기. 조금씩 기다리기 대신 조금씩 양보하기도 괜찮다. 중요한 것은 모든 문제에는 해법이 반드시 있다는 것과 서로의 입장을 충분히 공감해야 한다는 것이다. 이것이 바로 민주주의 원칙이다.

시의원으로 활동할 때 교육청 누리과정을 해결하는 과정도 이런 식이었다. 예산이 부족하다고 해서 누리과정으로 함께 묶인 유치원과 어린이집을 차별해서는 안 된다는 것, 모두가 혜택을 볼 방법을 반드시 찾아야 한다는 것이다. 또 다른 예로 동네 상권을 위협하는 SSM(Super Supermarket의 약자)의 문제가 심각하게 대두되었을 때 나는 서울시의회에서 '출고예정제'와 '사전 상권영향조사' 같은 조항을 넣어 조례개정안을 발의했다. 자본주의 시장에서 거대자본의 경제 활동을 막을 수는 없지만 영세한 자영업자를 보호할 수 있는 해결책을 마련하고자 한 것이다. 그리고 이 조례개정안이 여론을 형성해 마침내 국회가 대형마트와 SSM의 영업시간을 제한하는 유통법 개정안을 통과시켰다.

불의에 맞서는 쌈닭의 용기

문제해결자로서 가져야 할 또 하나의 태도는 바로 불의에 맞설 수 있는 끈질긴 용기이다. 그것은 때로는 불이익을 기꺼이 감수해야 하는 일이기도 하고 거대한 힘이 주는 공포를 온몸으로 느껴야 하는 일이기도 하다. 하지만 나는 아무래도 쌈닭 기질을 가진 것 같다.

대학교 1학년이었던 1988년, 그 당시에는 대학생들은 의무적으로 1주일간 군사훈련소에 들어가 병영훈련을 받아야 했다. 우리는 그러한 군사훈련에 저항해야 한다고 생각했다. 학생들의 민주화 운동을 막고 군사독재 체제를 유지하려는 반민주적인 행태일 뿐만 아니라 학생들의 인권을 유린하는 일이기 때문이다. 훈련 마지막 날 기습적으로 시위를 하기로 약속했는데 M16 소총을 들고 우리를 둘러싼 군인들 앞에서 군사훈련반대 구호를 외치기 위해 나서는 것은 어린 마음에 죽음을 각오하는 일이었다. 무섭고 두려웠다. 하지만 과대표인 내가 앞장서지 않으면 친구들의 두려운 마음을 움직일 수 없었다. "대학생 군사훈련 중단하라!" 눈을 질끈 감고 구호를 외쳤고 여기저기에서 친구들의 힘찬 목소리가 울려 퍼지기 시작했다. 그 시위로 나는 대대장에게 끌려가고 우리의 성적표에는 D가 찍혔지만, 우리의 후배들은 더는 군사훈련을 받지 않게 되었다. 1989년도부터 대학생 군사훈련은 모두 폐지되었다.

나의 쌈닭 기질은 단기사병으로 군 생활을 할 때 또 발동했다. 학교를 휴학하고 고향에 내려와 어머니가 싸주신 도시락을 들고 부대로 출퇴근하고 있었을 때이다. 내가 근무한 중대본부에는 매우 불합리한 관행이 있었다. 그것은 최하급자가 다음 하급자가 들어올 때까지 전체

10여 명의 도시락을 매일 준비해야 하는 것이다. 정말 말도 안 되는 괴롭힘이었다. 어머니는 몇 달 동안 도시락을 싸느라 매일 아침 고생을 하셔야 했다. 그리고 마침내 나의 하급자가 들어왔을 때, 나는 중대장을 찾아가 이제부터 자기 도시락은 자기가 싸 오자고 건의를 했다.

"이 자식 대학 때 데모했다더니만 잘난 척하는 거냐? 왜 문제를 일으키고 그래? 수년째 해 오던 전통인데 그걸 바꾸면 선배들이 손해잖아? 안돼, 임마."

"그렇다면 제가 제대할 때 소원 수리 제출하겠습니다."

며칠 후 중대장은 도시락은 각자 싸 오라는 명령을 내렸다.

희망을 건 싸움을 하다

　요즘 야당의 정치인들은 너무 안 싸운다. 역풍을 우려한다지만 내가 보기에는 자신의 지위에 안주하며 편한 꽃길을 가려는 모습이다. 과거에 민주당이 투쟁적이었던 것은 야당이어서가 아니라 그 당의 정치철학과 방향이 민중적이어서이다. 국민의 편에서 독재와 싸웠고 국민이 주인 되는 세상을 만들기 위해 싸웠다. 독재적 권력이 행사될 될 때면, 국민의 안위가 위태로울 때면 여당의 입장에 있더라도 싸워야 하는 것이 민주당의 정체성이라고 생각한다.

　김대중 전 대통령은 "아무것도 할 수 없다면 벽이라도 보고 '독재자 나쁜 놈'이라고 외쳐라"라고 말씀하신 적이 있다. 그런데 지금의 정치인들은 이 정체성을 잃어버린 듯하다. 민주화된 시대라서 과거 군사독재 시절처럼 폭력적인 탄압도 없고 고문도 없고 사법 살인도 없어서 직업 정치인이 되어 버린 것일까?

　윤석열 대통령은 그 자리에 오르기 무섭게 야당과의 협치를 거부하고 전체주의적 정치를 펼치고 있다. 과거 군부 독재자들이 그랬듯이 한반도를 이념 대립의 장으로 만들어 국민을 겁박하고, 노동자와 언론, 진보적 사회운동 단체를 불온한 세력으로 몰아가고 있다. 그리고 검찰을 동원해 제1야당의 대표를 비롯한 정치적 정적을 제거하려는 데 혈안이 되어있다. 대한민국의 모든 시간을 과거로 회귀시키고 있다.

　민주주의가 이렇게 파괴되고 있는데도, 심지어 독립운동과 민주화운동이라는 근현대사의 역사가 부정당할 위기에 처해 있는데도 왜 정치인들은 거리로 뛰쳐나오지 않는 것인가? 왜 거리를 가득 메우고 있는 촛불 든 국민 앞에 서지 않는가? 왜 적당히 타협하고 적당히 자리를 지키려고만 하는가?

나는 싸우는 정치인으로 계속 살아가고자 한다. 힘없는 시의원이었던 시절에도 나는 거리에 있었다. 일인시위를 하며, 면담을 요구하며, 서명을 받으며 대부분의 의정활동을 거리에서 보냈다. 그리고 순천에 와서 나는 또 거리에서 살고 있다. 후쿠시마 오염수 방류를 막아내기 위해, 윤석열 정부의 독재에 항의하기 시민들을 만나고 삭발을 하고 목이 터져라 외치고 있다.

나는 싸움꾼이지만 그 싸움은 언제나 따뜻한 싸움이다. 약자를 위해, 정의를 위해, 공동체를 위해, 나를 위해 희망을 건 싸움을 한다. 그것이 내가 가진 최고의 정치적 소질이라고 당당히 말하고 싶다.

이재명이라는 정치적 스승

시대정신이 된 이재명

나는 더불어민주당 중앙당사 당 대표 특별보좌역을 맡고 있다. 내가 정치의 길을 가게 된 데에는 이재명이라는 정치인의 영향이 아주 크다고 말할 수 있다. 그를 정치적 스승으로 삼고 기꺼이 이재명의 아바타가 되고자 한다. 그가 당 대표라는 권력을 가져서도, 유력한 대선후보여서도, 정치인으로서 인기가 있어서도 아니다. 내가 이재명을 기꺼이 따르고자 하는 이유는 바로 이재명 자체가 시대정신이기 때문이다. 이재명은 한 개인을 지칭하지 않는다. 이재명은 그 이름으로 표현되는 하나의 구호이다. 왜 많은 국민이 이재명을 지지하고 연호했는가? 왜 그는 압도적 지지로 당 대표에 당선되었는가? 왜 대선 후보에 올랐는가? 그것은 그가 대한민국의 새로운 정치, 새로운 민의를 제시했기 때문이다.

이재명과 만남은 2017년으로 거슬러 올라간다. 민주당 대선 후보 경선이 시작될 무렵이었다. 현직 서울시 시의원이었던 나는 경기도 성남시 시장으로 경선에 도전한 이재명 후보자의 캠프로 연락을 했다. 무턱대고 돕고 싶다는 나의 말에 이재명은 의아해했다. 고맙긴 한데 왜 서울시 의원이 갑자기 나를 도우려 하느냐고 반문하는 것이다. 그도 그럴 것이 당시에 정치적 감이 있다는 사람들은 죄다 문재인, 박원순, 안희정과 같은 유력한 후보들에게 몰려가던 상황인데 연고도 없는 서울시 의원이 돕겠다니 생뚱맞게 느껴질 만도 했을 것이다.

정말 그랬다. 그 당시 누가 이재명 캠프로 갈 생각을 했겠는가? 심지어 미친 짓이라고 말리는 동료들도 있었다. 하지만 내 생각은 달랐다. 나는 서울시 의원을 하며 우리 민주당에 대한 문제의식을 느끼고 있던 참이었다. 소위 386세대로 운동을 하다가 정치에 입문한 사람들을 보면 정치적 줄을 잡는 일이 무엇보다 중요한 것처럼 보였다. 신인으로서 개혁적인 면모를 보이기보다는 기존의 권력에 기대어 성장하려는 것이다. 정치를 배운다는 명목으로 힘 있는 정치인 밑에서 이런저런 잔일을 해주고 나중에 적당한 자리를 하나씩 얻게 되는데 이러다 보니 자신의 정치철학이 없는 것이다. 그래서 결국 민주당의 고질적인 병폐라고 지적받는 계파정치가 시작되는 것이다. 이것이 구태정치이다.

나는 당내에서의 영향력보다는 나를 감동시킬 정치철학으로, 나를 이끌어줄 지도자를 원했다. 또 민주당도 그렇게 바뀌어야 한다고 생각했다. 민주당은 역사가 긴 만큼 보수화될 위험을 경계해야 한다. 중산층과 서민들을 대변하는 정당답게 변화하는 시대의 요구를 재빠르게 받아들이는 유연함과 융통성이 필요하다. 독재의 시대에는 민주화를, 경제 파탄의 시대에는 민생경제를, 불공정과 불평등의 시대에는 공정과 평등을, 이렇게 시대의 목소리를 내야 한다. 김대중, 노무현이 그랬던 것처럼 말이다.

그런데 어느새 민주당은 화석화된 김대중, 고착화된 노무현만 남아 있다. 정치인들은 기득권이 되어 자리의 자리를 보존하는 데만 안간힘을 쓴다. 그러다 보니 불의와 국민의 고통을 눈에 뻔히 보면서도 제도 안에서 권위주의적 태도로 일관하거나 혹은 머뭇거린다. 박근혜 대통령의 국정농단 같은 최악의 상황이 만천하에 드러나는 그 참담한 상황 속에서도 그들은 미적거리고 있었다. 온 국민이 촛불을 들고 광화문 거리로 뛰쳐나올 때도 가장 느렸다.

그러나 이재명은 달랐다. 당시 촛불광장에서 가장 먼저 박근혜를 향해 탄핵을 외쳤다. 국민을 섬기지 않는 머슴은 필요 없다고 당당히 말했다. 사실 그 전부터 성남시장 이재명의 일하는 모습을 나는 알고 있었다. 성남시장이 되었을 때 방만한 시 재정에 모라토리엄을 선포하고 시민들에게 솔직히 다가서는 모습이 신선했고 다시 성남시를 살려내는 행정가로서의 탁월한 능력에 놀랐다. 무엇보다도 억강부약, 빈부격차 해소, 경제 정의, 고른 기회 등 약자의 편에 서는 그의 정치철학에 공감했다. 그리고 그것을 마침내 이루어내는 실천력에 감동했다. 그는 시립병원 설립, 무상 교복 지원사업, 청년 배당 지급 사업 등과 같은 복지 정책을 펼치며 꿈으로만 꾸던 대동 세상을 현실로 보여주었다. 세금을 어떻게 걷고 어떻게 써야 하는지를 제대로 보여주었다.

엘리트주의에 젖어 있는 정치인들은 그의 이런 행정성과를 포퓰리즘이라고 비난한다. 세금을 퍼줌으로써 정치적 인기를 얻으려는 행동이라고 비난한다. 그런데 나는 그런 포퓰리즘이 왜 비난받아야 하는지가 의문이다. 국민이 낸 세금을 국민을 위해 써서 국민으로부터 칭찬받는 것이야말로 민주주의 정치 이념에 부합하는 일 아닌가. 흙수저 소년공 출신에 명문 학벌도 없고, 정치적 기반도 없지만 적어도 이재명은 가난한 여학생의 생리대를 해결했고, 자식 잃은 세월호 부모들을 위로했으며, 평화의 소녀상을 지키는 데 앞장섰다. 서민과 약자의 실제적 아픔을 누구보다 잘 알고 누구보다 잘 해결했다.

이재명의 응원단장이 되다

일개 시의원이 정치적 소신을 따라 기꺼이 천출의 길을 선택한 것이 이재명 후보 캠프였다. 막상 합류해보니 정말 일손이 부족했다. 합동 유세가 다가오는데 뭐라도 해야 할 것 같아 나는 즉흥적으로 응원단장을 맡겠다고 해버렸다. 촛불집회 이후 이재명을 지지하는 사람들이 점차 늘어나고 있는데 그들을 하나로 모아 분위기를 띄워야 한다. "일단 저를 따라 하세요. 이재영! 이재명! 이재명!" 이렇게 구호를 외치는 것부터 시작했다. 명색이 응원단장인데 참 폼이 안 났다. 그래서 생각해 낸 것이 개사곡이다. "떴다, 떴다, 이재명! 날아라, 이재명!" 이런 식의 간단한 노래를 개사해 함께 부르자고 페이스북에 무작정 게시했다. 그런데 놀랍게도 동시에 3천여 명의 지지자들이 들어와 퍼다 나르기 시작했다. 나는 거기에서 열망을 보았다. 새로운 정치, 새로운 리더에 대한 목마름을 보았다. 그 노래를 퍼 나르고 함께 부르며 모두가 자발적 응원단장이 되어 이재명을 연호했다.

"우리가 첫 발자국에 실패했을지라도, 온 세상 사람들이 바라는, '모두가 공정한 기회를 누리는, 공정한 경쟁 속에 모든 사람이 자기의 몫을 누리는 진정 공정하고 정의로운 나라'를 우리가 만들어야 하지 않겠습니까, 여러분! 우리가 비록 소수여서 지금은 당장 발길을 되돌리지만, 우리 가슴속에 깊이 간직하고 있는 변화된 세상 속에서 모든 사람이 행복하게 살아가 는 제대로 된 대동 세상 공동체를 향한 꿈은 절대 사라지지 않을 겁니다."

- 대통령 후보 경선 후 지지자들 앞에서 한 연설 중

비록 2017년 대선후보에 선출되지 못했지만, 이재명의 대동 세상은 시작되었다. 그 후 경기도 지사에 당선되어 펼친 수많은 정책과 행정성과들은 모두가 주인이 되어 함께 하는 세상을 향하고 있다.

・・・

이재명의 길을 따라 걷다

시대는 바뀌었다. 21세기 대한민국의 리더십도 바뀌어야 한다. 국민 위에 군림하고 제왕적 권력을 누리는 리더십은 더는 설 자리가 없다. 지금의 시대적 과제가 무엇인지를 정확히 아는 유능한 리더가 필요하다. 빈부격차 문제, 부동산 문제, 교육문제, 환경문제, 한반도 평화 문제, 외교 문제, 검찰 개혁 문제, 언론 문제, 일본 방사능 오염수 방류 문제, 4차 산업 혁명과 미래 기술 문제, 청년 실업과 저출산 문제 …… 지금 우리가 처해 있는 국가적 문제들은 매우 복합적이고 다원적이다. 무엇보다도 이런 문제 앞에서 국민은 각자가 행복해지는 삶을 간절히 원하고 있다.

21세기 대한민국의 리더는 복잡다단한 시대의 문제를 반드시 해결할 유능한 실무형 정치인이어야 하고 모든 국민이 골고루 행복해질 수 있게 하는 상생의 정치를 펼치는 사람이어야 한다. 이념 정치, 진영 정치, 힘의 정치, 엘리트 정치는 이제 구시대의 유물이다. 세상의 문제를 바꾸지 못한다면 정치인의 자리에서 빨리 내려와야 한다. 자리를 꿰차고 있지 말고 다른 사람에게 기회를 줘야 한다.

이재명의 길을 따라 걷는 것이 얼마나 다행인가. 눈과 비를 맞고 거리의 먼지를 마시더라도 구태정치인의 길을 따르지 않은 것이 얼마나 큰 행운인가. 가난하고 힘없는 이들의 곁에서 공동체의 가치와 의미를 세워 간다는 것이 얼마나 큰 희망인가. 이재명이라는 정치적 스승을 만나서 국민을 섬기는 머슴이 무엇인지 알아서 얼마나 큰 깨달음인가.

문제가 생기면 빨리 해결하라!

행동력과 실행력은 정치적 체력

나는 늘 정치인의 가장 큰 재능은 행동력과 실행력이라고 생각해왔다. 매처럼, 범처럼 재빠르게 낚아채고 전력을 다해 질주할 줄 아는 것, 말보다 실천이 더 빠른 것, 좌고우면하지 않고 똑바로 나아가는 것, 그런 것들이 일종의 정치적 체력일 것이다.

정치가 권위적으로 변하면 정치적 체력이 제일 먼저 약해진다. 늘 엄중하게 생각하는 척하고, 의견을 두루 조율하는 척하지만, 사실은 정치인이라는 지위에 안주하는 직업인이 된 것이다. 빨리 뛰는 대신 의전을 받으려 하고, 해결자가 되는 대신 추종받는 자가 되려 하는 경우이다.

민주주의 사회에서 정치는 국민이 삶의 문제를 해결할 수 있는 가장 합리적인 도구여야 한다. 폭력과 힘에 의한 쟁투가 아닌 '정치'라는 이

성적인 도구를 활용해 제안하고 토론하고 결정짓고 따르는 것이다. 그러므로 정치인은 국민의 문제를 발견하고 해결해주는 역할을 위임받은 존재이다. 만약 세상의 문제를 해결하지 못한다면, 세상을 보다 나은 쪽으로 바꾸지 못한다면 정치인이 될 자격이 없다. 함량 미달이다.

나는 시민단체 활동을 하면서 실제로 우리 사회에서 불합리하게 일어나고 있는 많은 문제를 보게 되었다. 그것은 우리가 지혜를 모은다면 얼마든지 해결할 수 있는 문제들이 대부분이었다. 조금만 더 사회적 원칙을 지킨다면 충분히 해결할 수 있는 문제들이었다. 그런데 그것을 해결하지 못해 겪지 않아도 될 고통을 받거나 억울함이 발생하는 걸 보며 늘 안타까운 마음이었다. 그래서 내가 현실 정치의 길로 나아가겠다고 다짐했을 때 목표가 명확했다. 세상의 문제들을 찾아 해결하자. 누군가 앞서서 그렇게 하는 사람이 있어야 우리의 가족이, 이웃이, 공동체가 편하게 살 수 있지 않겠는가.

나는 당당히 공동체에 대한 사랑 때문에 정치를 한다고 말한다. 정치는 사랑이고 헌신이라고 말한다. 내 삶을 가치 있게 만드는 일이라고 말한다.

문제해결자로 뛰다 보면 본의 아니게 주변 사람들에게 눈총을 많이 받는다. 괜한 문제를 끄집어내서 분란을 일으킨다느니, 쌈닭처럼 달려든다느니, 아무 데나 끼어들고 나선다느니 하는 뒷소리가 많다. 하지만 그러라고 국민이 권한을 주고 월급을 주는 것 아닌가. 눈총과 뒷소리는 다른 의미로 일을 열심히 하고 있다는 방증이다. 나는 국민의 이익을 대변하는 일이라면 더 시끄럽게 활동해야 한다는 뚝심으로 일해왔다. 그리고 그렇게 해결된 일들은 나의 자부심이 되어 남아 있다. 정치 초

보였던 서울시 의원 시절 자부심을 느꼈던 몇 가지 일들을 소개해보겠다.

...

SSM 규제 조례

　내가 서울시의원에 처음 당선되었던 2010년, SSM 문제가 당시의 가장 큰 이슈로 떠올랐다. SSM은 슈퍼 슈퍼마켓(Super Supermarket)의 약어로 홈플러스 익스프레스, 롯데슈퍼, GS수퍼마켓, 이마트 에브리데이 등 기업형 슈퍼마켓을 말한다. 대형할인점에서 파는 값싼 상품들을 집 근처에서 살 수 있어서 인기가 높지만, 그 덕분에 동네 슈퍼들이 하나둘 문을 닫으면서 심각한 사회 문제로 떠올랐다.

　자본주의 논리로만 따지면 SSM은 막을 수 없다. 하지만 자유경쟁을 넘어서 거대자본을 무기로 시장을 독점하는 수준이었기에 사회적으로 큰 손가락질을 받았다. 이에 국회는 2010년 11월 유통산업발전법(유통법)과 대·중소기업상생협력촉진법(상생법)을 개정해서 전통상업 보존구역 반경 500m 이내에 SSM의 등록을 제한하고, SSM 가맹점도 그 대상에 포함하도록 했다.

　하지만 이것만으로는 골목 상인들에게 실질적인 도움이 되지 못했다. 유통법과 상생법은 전통시장에 국한되어 있어 동네 슈퍼마켓은 보호 대상이 아닌 탓이다. 당장 우리 지역구 주민들만 해도 적지 않은 분들이 생계에 큰 어려움을 겪고 있었다.

어느 날, 동네 상인들이 나에게 달려와 대형마트 슈퍼마켓이 들어오면 우리 다 망한다고 호소를 했다. 그런데 정의당 전직 시의원들이 같이 온 것이다. 그분들은 지금은 시의원이 아니기에 상인들을 현실적으로 도울 방법이 없었는지 여기저기 도와줄 사람을 수소문하고 있었다고 한다. 기본적으로 민주당에는 별 기대가 없었다고 한다. 민주당에 가봐야 이런 문제에는 관심이 없다는 인식이 있었나 본데 민주당으로서는 부끄러워할 일이다. 그런데 내가 시끄러운 사람이라는 소문이 난 모양인지, 김문수는 어쩌면 이 문제를 도울 수 있을 거라는 생각에 찾아온 것이다.

그들은 내게 서울시의 SSM 조례 개정을 부탁했는데 사실 조례로는 그들을 막을 방법이 없다. 왜냐하면 조례는 강제성이 없을 뿐만 아니라 유통법, 상생법 등 상위의 법들에 어긋나기 때문이다. 그러나 물에 빠진 심정으로 달려온 사람들의 문제를 어떻게든 해결해주고 싶었다. 내가 할 수 있는 일은 조례를 바꾸는 것이다. 실제로 얼마나 도움이 될지는 알 수 없지만 일단 뭐라도 해야 했다. 서울시의 '유통법 상생협력 및 소상공인 지원과 유통분쟁에 관한 조례'에 '출점예고제'와 '사전 상권영향조사' 조항을 신설해 2010년 11월 개정안을 발의했다. 그리고 상의법과 충돌하든지 말든지 나중에 어떻게 되더라도 일단 통과시켜버렸다. 선의의 불법이라고나 할까. 그랬더니 법도 모르면서 이런 조례를 만든다고 공무원들이 공격해왔다. 법도 모르는 무식한 사람이라는 소리를 듣는 것이 여간 창피한 일이 아니었지만, 어차피 공무원들은 그 일을 해결 못 한다. 그래서 나는 그 일을 정치적으로 해결하고 싶었다.

다행히도 나와 생각이 같은 사람이 많았던 모양이다. 조례를 만들었더니 언론에서 대서특필하기 시작했다. 서울시에서 이런 조례를 만들었는데 빨리 법을 거기에 맞추어 바꿔 줘야 한다, 국회의원들 뭐하나 하는 식의 기사들이 쏟아져 나왔다. 나는 나대로 토론회나 공청회도 열고 SSM 사장들에게 행정감사 출석을 요구 하는 등 필요한 여론몰이를 해나갔다.

그로부터 한 달여가 지난 2012년 1월, 국회가 대형마트와 SSM의 영업시간을 제한하는 내용의 유통법 개정안을 통과시켰다. 여기에 발맞춰 서울시의회는 2012년 2월 대형마트와 SSM이 매달 두 번의 일요일에 의무적으로 문을 닫도록 하는 내용의 조례안을 발의했다. 뒤이어 2013년에는 국회가 유통법을 더 강화해서 자정부터 오전 10시까지 영업을 금지했고, 서울시만 적용해오던 월 2회 의무휴업을 법에 반영해 모든 SSM으로 확대 적용했다. 국회와 서울시의회가 서로 시너지를 발휘해 SSM 규제를 해나간 것이다.

물론 이 일은 많은 사람의 수고와 염원이 있어 해결된 것이지만, 나는 나대로 깨달음과 자신감을 얻었다. 내가 절박한 사람들의 목소리에 응답하지 않았더라면, 무모하게 조례 개정을 추진하지 않았더라면, 무식하게 밀어붙이지 않았더라면 나는 정치인으로서의 자부심을 얻을 수 없었을 것이다. '지방의원이어서 못 한다'가 아니라 '지방의원이기 때문에 할 수 있는 일이 많다'라는 소중한 깨달음도 얻을 수 없었을 것이다.

누리과정 무상 보육 정책

서울시의회 교육위원장을 맡고 있을 때 누리과정 예산 문제가 발생했다. 박근혜 대통령은 누리과정을 국가가 전액 지원하겠다는 공약을 내걸고 대통령에 당선되었음에도 당선 후 누리과정에 필요한 비용을 지원하지 않았다. 대신 지방교육청의 정해진 예산에서 빼서 사용하라는 식이었다. 정말 말이 안 되는 일이었지만 몇 년간은 그렇게 진행될 수밖에 없었다. 그렇다 보니 여러 가지 문제가 발생했다.

우선 그렇지않아도 넉넉하지 않은 교육청 예산에 누리과정 지원이 더해지니 초중고에 지원되어야 할 비용이 부족해지고 학생들은 부실한 교육환경 속에서 공부해야 하는 상황이 발생한다. 또 교육과 보육이 법적으로 분리된 상황에서 교육청이 관리, 감독의 권한이 없는 보육의 영역인 어린이집을 지원해야 하는지에 대한 문제가 제기되기도 한다.

급기야 서울시교육청이 2016년 예산안에 어린이집 지원을 편성하지 않음으로써 누리과정 문제는 더 심각한 상황이 되고 말았다. 이렇게 되면 또 다른 문제가 추가된다. 바로 불평등 문제이다. 유치원에 다니는 아이들은 지원의 대상이 되지만 어린이집에 다니는 아이는 지원을 받을 수 없는 것이다.

대통령이 공약을 지키지 않음으로써 이중, 삼중의 문제가 발생했다. 증액되지 않는 예산으로 교육청이 누리과정 지원을 떠안으면 학교에 다니는 학생들이 피해를 보게 된다. 예산 부족으로 누리과정에서 어린이집을 빼버리면 같은 연령대에서 불평등이 발생한다.

이것을 해결하는 방법은 단 한 가지다. 정부의 무책임을 널리 알리는 것이다. 그래서 맨 처음 한 일이 동료 의원들을 설득해 청와대와 국회 앞에서 일인시위를 이어가고 현수막을 거리에 설치했다. 이슈를 명확히 하는 것이 중요했다. 문제의 원인은 대통령과 정부이며 이것을 해결하기 위해 국회가 나서야 한다는 것을 정확히 알려야 했다.

그다음으로 한 일은 어린이집 지원 예산을 편성하지 않는 서울시교육청 예산안을 심의 과정에서 시의회 권한으로 삭감시켜 버린 것이다. 정말로 돈을 주지 말자는 것이 아니었다. 삭감을 통해 문제점을 밖으로 드러내어 여론을 만들자는 생각이었다.

예산안 삭감은 당연히 난리가 났다. 유치원과 어린이집 원장들이 매일 달려와 시위를 했다. 나로서는 반가운 일이었다. 차분히 그들과 대화할 기회를 얻을 수 있었으니까. 논리적으로 설명을 했다. 정부가 지원하지 않으면 누리과정의 아이들이 나중에 학교에 갈 텐데 그때 결국 피해를 보게 된다. 그러니 여기에서 시위하지 말고 정부 앞으로 가서 시위하자. 설득과 설득을 거듭한 결과 그들은 청와대와 교육부로 발길을 돌렸다. 그리고 마침내 여야 국회의원들이 예산안을 확보했고, 이후 문재인 대통령 후보자가 다시 공약을 내걸며 해결의 의지를 보였다.

우리가 일인시위를 하고 현수막을 내걸고 예산안을 삭감하는 동안에 박근혜 정부는 불통의 대통령답게 꿈쩍도 하지 않았고, 위법한 시행령을 만들며 끝까지 책임을 지지 않으려는 태도를 보였다. 교육감들은 누리과정의 취지에 공감하면서도 부족한 예산 때문에 누리과정 지원에 불만을 가질 수밖에 없었다. 국회의원들은 교육과 보육을 하나로 통합하는 법적 토대를 만들지 못하고 미적거리고 있었다. 우리 아이들에게는 당장의 문제인데, 무엇보다도 중요한 문제인데 모두 이렇게 강 건너 불구경하듯 시간을 보내고 있던 것이다. 정치가 정말 무기력하게 느껴지는 순간이었다.

　대통령이 약속을 잘 지키면 된다. 대통령이 법을 잘 지키면 된다. 정말 간단한 문제이다. 해결자가 되어야 할 정치인이 되려 문제의 원인자가 된다는 것이 분노스러운 일이다.

친일인명사전 학교 보급

지방의원들은 주로 지역개발이나 학교 유치 같은 사업들에 관심이 많다. 주민들의 지지와 칭찬을 많이 받을 수 있는 일들이기 때문이다. 선거를 통해 생명을 연장하는 정치인들이 더 많은 사람에게 지지를 받을 만한 일을 골라 하려는 것은 인지상정일 것이다.

하지만 나의 의정활동의 기준은 소외된 사람들의 목소리를 대변하는 것과 정의를 바로 세우는 것이다. 내가 서울시의원으로서 친일인명사전 학교 보급에 힘쓴 것도 그런 이유 때문이다.

당시 친일인명사전을 학교에 보급하기 위해 거리에서 서명을 받고 후원금을 모으던 시민단체들은 정말 절박한 상황이었다. 시민들의 후원은 소중하지만 그렇게 해서 모든 학교에 책을 보내는 일은 정말 어려운 일이었기 때문이다. 나는 우리의 역사를 바로 세우려는 그들의 노력에 힘을 보태고 싶었다. 무엇보다도 우리 아이들에게 치욕스러웠던 과거를 똑바로 알게 하여 과거의 역사를 되풀이하지 않을 지혜를 가르치는 것이 어른들이 해야 할 일이라는 강한 신념 때문에 꼭 그 일을 해야 한다고 생각했다.

불행하게도 의원들에게 친일인명사전 학교 배포 사업은 기피 대상 1호였다. 지역 주민들에게 표나는 지지를 받는 일도 아니었고 보수와 진보가 극명하게 대립할 것이 뻔했기 때문이다. 가만있으면 중간은 갈 텐데 굳이 긁어 부스럼 만들어 보수 세력에게 공격이나 받고, 괜히 사람들 눈 밖에 나서 빨간색 낙인이라도 찍히면 안 되기 때문이다. 속된 말로 '표 갉아 먹는 일'이다.

하지만 나는 51대 49라도 이길 수 있는 일이라면 싸워야 한다고 생각했다. 그것이 정의를 바로 세우는 일이라면 49가 반대해도 무조건 싸워야 한다. 이것이 내가 정한 정치적 싸움의 원칙이다.

정치에서 여당과 야당이 구분되는 이유는 서로에게 주어진 역할이 다르기 때문이다. 야당만이 해낼 수 있는 역할이 있고, 그것을 해낼 때 야당의 존재가 설득력을 얻는다. 친일인명사전 보급은 그런 일이다. 친일파의 후손들이 굳게 자리 잡은 여당이 친일 청산에 앞장설 리 만무하다. 49의 반대와 비난을 두려워하지 않고 나설 때 비로소 국민은 야당의 존재감을 느끼게 되고 야당을 지켜줄 명분을 갖게 된다.

일제강점기 당시 안중근 의사나 윤봉길 의사는 목숨 걸고 항일투쟁을 하였다. 군사독재 시절 수많은 분이 민주화 운동을 하다가 목숨을 잃었다. 친일인명사전을 학교에 배포하는 일은 그에 비하면 아무것도 아니다. 보수세력들의 생트집과 이념 공격이 귀찮고 괴롭다고 피해버린다면 과연 정치하는 이유가 무엇인가. 스스로 되물어야 한다.

교육청도 정치적 부담 때문에 적극적으로 나서지 못하고 있던 그 일을 나는 서울시의회 교육위원회 권한으로 추진할 계획을 세웠다. 교육청을 통해 서울지역 학교들을 전수조사하고 예산 마련에 들어갔다. 친일인명사전은 총 3권이 한 세트로, 가격은 30만 원이다. 585개 학교에 한 세트씩 보급하려면 총 1억7550만 원이 필요하다. 숫자만 놓고 보면 큰 금액이지만 서울시교육청의 한 해 예산이 7조 원대인 점을 고려하면 그리 큰 금액도 아니다. 그리고 친일청산 교육의 중요성을 생각하면 금액은 중요한 문제가 될 수 없다.

실제로 추진에 들어가니 누구도 친일 청산의 당위성을 대놓고 부정하지 못했다. 물론 박정희 신화를 지키고자 했던, 당시 여당이던 새누리당의 반대에 부딪히기도 했지만 나는 무제한 토론을 제안했다. 그리고 속기록에 반대의 이유를 있는 그대로 기록하고 공개하자고 압박했다. 결국 여당 의원들은 백기를 들 수밖에 없었다. '친일 옹호'라는 꼬리표가 붙는 것이 두려웠을 것이다. 속기록 공개 압박은 내가 의정활동을 하는 동안 유용하게 사용하는 승리의 무기이다. 그 후 예산결산위원회를 통과시킬 때 예결위원장이 새누리당 의원이었는데 무턱대고 반대하지는 못하고 대신, 친일인명사전이란 말은 너무 직설적이니 사업 제목을 '친일 청산'이라고 바꾸면 좋겠다는 의견을 내놨다.

내 입장에선 어차피 학교에 보급만 하면 되니까 사업 이름이 뭐든 전혀 문제가 없었다. 이름이 뭐 그리 중요한가. 그 정도는 새누리당 의원들의 입장을 고려해 협의해주면 되는 일이다. 그리하여 2014년 12월, 서울지역 중고등학교 585개교에 친일인명사전을 보급하는 내용의 '친일 청산 교육 활동 지원사업'이 최종 통과되었다. 물론 그 후로도 학교에 책이 전달되는 과정에서 크고 작은 어려움이 발생했지만, 의정활동을 하는 동안 가장 가슴 벅찬 순간이었다.

하나고 학교폭력 사건 은폐 의혹

서울시의회 교육위원회에 있을 때 나는 사립학교 비리와 관련된 문제를 여기저기 터트리는 시끄러운 사람이었다. 정의로운 편에 서고자 하다 보니 제보가 유독 많이 들어왔던 것이다. 당시에는 개정되지 않는 사립학교법(사학법)을 악용해 재단 설립자와 이사장의 운영 비리가 비일비재했고 실제 몇몇 학교는 정상적인 운영이 불가능한 사태도 발생했다. 사학법을 바꾸기도 쉽지 않았다. 정치인의 상당수가 사립학교 관계자들이거나 선거 때마다 엄청난 숫자의 교인들을 앞세우는 기독교 학교를 감히 건드릴 수 없었기 때문이다.

사학법에 가로막혀 당시 해결하지 못한 억울한 문제가 있다. 하나고 비리에 대한 공익제보자를 돕는 문제였다. 끝내 억울함을 풀지 못했지만 나는 그 과정에서 내가 할 수 있는 최선의 노력을 다해 도왔다. 그리고 뜻밖에 그 일은 2023년 또 다른 문제를 해결할 씨앗이 되어 돌아왔다.

2014년부터 2015년까지 서울시의회에서는 '하나고등학교 특혜의혹 진상규명 특별위원회'가 구성되어 하나고가 자율형 사립고로 전환되는 과정에서 불거진 특혜 논란과 입시 부정 논란 등에 대해 조사를 진행하고 있었다. 특위 활동은 하나고 전경원 교사가 입학생 성적을 조작하고 고위인사 자녀의 학교폭력을 은폐한 사실을 제보하겠다고 찾아오며 급물살을 탔다. 그는 양심에 걸려서 도저히 교사생활을 하기 힘들다고 호소해왔다.

특위는 전경원 교사가 직접 나와 양심선언 형식으로 제보를 할 수 있도록 도왔다. 그리고 제보를 바탕으로 서울시교육청이 특별감사를 벌인 결과, 신입생 선발 때 합리적 이유 없이 보정점수를 부여했고, 학교폭력 사건이 일어났지만 학교폭력대책위원회를 열지 않았으며, 부당한 수의계약을 맺은 혐의 등이 차례로 적발됐다. 교육청은 이를 근거로 하나학원 전 이사 등 학교 관계자 9명을 검찰에 고발했다.

그러나 학교 측은 "교사 한 명의 일방적인 폭로에 의한 편파적인 감사 결과를 받아들일 수 없다"며 강력하게 반발했다. 또 학교 비리를 제보한 전경원 교사를 비밀엄수의무 위반, 학생 인권침해, 직장이탈금지 위반, 학생·학부모·교직원 명예훼손, 성실 및 복종 의무위반 등 말도 안 되는 이유를 들어 중징계 처리했다. 이 학교 개교위원 출신으로 교가를 작사하고, 2014년 10월에는 우수교사 표창까지 받은 사람이 공익제보 이후 한순간에 '문제교사'가 되어버린 것이다.

누가 봐도 명백한 보복성 징계였고, 법적으로도 징계 근거가 취약했다. 학교 운영과 관련해 발생한 부패행위나 비리 사실 등을 관계기관에 신고하거나 고발한 것은 '교원지위향상을 위한 특별법'에 따라 공익제보 행위에 해당한다. 따라서 하나고가 정당한 사유 없이 징계 조치를 한 것은 이 법을 위반하는 것이 된다. 또 같은 이유로 공익신고자에 대한 불이익 조치를 금지하고 있는 '공익신고자 보호법'의 취지에도 어긋난다.

그런데도 우리가 공익제보 교사를 위해 할 수 있는 것은 고작해야 기자회견을 열어 중징계 철회를 촉구하는 정도에 불과하다. 사립학교법 때문이다. 당시 사립학교법에 따르면 사립학교 교원의 징계는 학교법인의 고유 권한이다. 그래서 하나고 측이 공익제보와는 관계없는 징계라고 우기면 뻔한 거짓말인 줄 알면서도 제재할 방법이 없다.

전경원 교사는 부당한 징계를 받았지만, 그때 특위에 출석해 기자회견을 한 내용과 그로 인한 교육청 특별감사 내용이 모두 기록으로 남게 되었다. 의회에서는 모든 일이 기록으로 남고 그것은 절대 삭제될 수 없다.

그리고 시간이 흘러 2023년, 윤석열 대통령은 이명박 정부 시절 언론탄압의 주역이었던 이동관을 방송통신위원장에 임명시키려 하고 있다. 이명박의 전철을 밟아 자신도 언론을 통제하여 자신의 실정을 가리려는 무도한 인사정책이 아닐 수 없다. 이동관에 대해 과거 언론탄압 이력과 더불어 극우적 발언과 개인 비리 등 수많은 문제가 제기되며 야당과 국민의 거센 반대에 부딪히고 있다. 그중 국민을 격분하게 한 으뜸의 문제가 자녀 학교폭력 문제 은폐 의혹이다. 본인은 이것이 별로 문제 될 것이 없다는 태도이지만 그것은 엄청난 착각이다. 2023년 드라마 '더 글로리'의 광풍이 보여주듯이 부모의 권력이 세습되어 자녀들로 이어지는 이 폭력 사태를 국민은 용서할 생각이 없다.

그런데 인사청문회 과정에서 이 학교폭력 의혹이 나올 수 있었던 것은 바로 2015년 서울시 하나고 특위가 남겨놓은 명명백백한 기록 때문이다. 그리고 드디어 국민적 공분과 함께 부당한 징계를 받은 전경원 교사의 명예를 회복하고 억울함을 풀어주어야 할 때가 왔다.

해결되지 않더라도 해결하라! 되도록 빠르게, 되도록 끝까지, 되도록 철저하게 해결하라! 내가 정치를 하며 얻은 배움이 바로 이것이다. 과거에도, 지금도, 미래에도 간절함이 있는 곳에, 억울함이 있는 곳에, 부정의가 있는 곳에 해결자는 바로 정치여야 한다.

협치의 기본, 화이부동(和而不同)과 구동존이(求同存異)

상생의 정치를 말하다

　지난 9월 27일 새벽 이재명 더불어민주당 대표는 검찰이 청구한 구속영장이 기각된 후 경기도 의왕시 서울구치소 문을 나섰다. 이는 명확한 증거도 없는 혐의를 가지고 정기 국회 회기 중에 있는 대한민국 제1야당의 대표를 인신 구속하고자 하는 검찰권의 폭력이었고, 복수의 정치를 펼치는 윤석열 정권의 악랄함을 보여주는 사건이다. 이재명 대표는 구치소 앞에서 밤새 기다리고 있던 지지자들 앞에 서서 즉석연설을 했는데 그 내용 중 내 마음을 울리는 내용이 있었다.
　"정치란 언제나 국민의 삶을 챙기고 국가의 미래를 개척해 나가는 것이라는 사실을 여야 정부 모두 잊지 말고, 이제는 상대를 죽여 없애는 그런 전쟁이 아니라 국민과 국가를 위해 누가 더 많은 역할을 제대로 할 수 있는지를 경쟁하는 진정한 의미의 정치로 돌아가기를 바랍니다."

　찬비가 내리고 있었고 20일이 넘는 단식투쟁으로 인해 쇠약해질 대로 쇠약해진 몸이었지만 그의 목소리는 그 어느 때보다 당당했고, 그의 눈빛은 그 어느 때보다 간절했다. 그간 감내해야 했을 고초와 모멸감을 우리가 어찌 감히 상상해볼 수 있을까. 그러나 그는 분노를 내려놓고 상생을 이야기하고 있었다. 복수가 아닌 화합을 호소하고 있었다. 이재명이라는 거인을 제대로 만난 기분이 들었다.

화이부동(和而不同)과 구동존이(求同存異)

"군자는 화이부동(和而不同)하고 소인은 동이불화(同而不和)한다."

공자의 논어 자로 편에 나오는 말이다. '군자는 사람들 간의 다름을 인정하고 포용하지만 소신 없이 남을 따라 하지 않는다. 반면에, 소인은 겉으로는 비위를 맞추고 동조하는 것처럼 보이나 실상은 서로의 다름을 인정하지 못하고 그래서 포용하지 못한다'라는 의미이다. 군자는 진실하게 화합은 하지만 부화뇌동(附和雷同)하지 않는 사람이고, 소인은 부화뇌동하면서도 불화를 일삼는 사람이라는 의미이기도 하다.

또 구동존이(求同存異)라는 사자성어도 있다. '공통점은 추구하고 차이점은 그대로 둔다'로 풀이할 수 있다. 즉 서로 이익이 되는 부분은 찾아서 함께 추구해 나가고, 이견이 있는 부분은 일단 접어두고 차차 해결해나가자는 뜻이다. 구동존이 정신은 협력을 통해 상호 이익이 되는 관계로 나아가는 것이다.

나는 민주주의란 화이부동과 구동존이의 정신이 실현될 때 가장 아름답게 꽃핀다고 생각한다. 다수결 원칙을 기본으로 하는 민주주의의 의사결정 과정은 합리적이지만 자칫 다수에 의한 독재가 될 수 있음을 유의해야 한다. 다수에 속하지 않지만, 매우 다양한 소수의 의견이 존재한다. 그리고 그 소수의 의견 속에는 현재의 문제를 다른 관점으로 해결할 수 있는 창조적 가능성이 감추어져 있기도 할 것이다. 그런데 다수의 힘으로 배척하고 억누른다면 그것은 큰 갈등을 일으키게 된다.

정치에만 해당하는 이야기가 아니다. 나라와 나라, 정당과 정당의 관계뿐만 아니라 기업과 기업의 관계, 노사의 관계, 팀 구성원들의 관계,

동아리, 마을 등 모든 공동체 네트워크에 필요한 지혜이다. 그리고 바른 인성과 창의성을 길러내야 하는 우리 교육현장에 필요한 말이기도 하다. 화이부동과 구동존이 정신은 다양성을 인정하고 저마다의 개성을 존중하는 현대 사회에 꼭 필요한 정신이다.

그런데 지금 우리 정치는 어떠한가. 국민이 정치에 피로감을 느끼고 정치인을 신뢰하지 않는 이유는 진영 논리와 당의 이익을 앞세워 정치싸움을 하는 모습 때문이다. 물가는 치솟고 안보는 불안하고 사회안전은 흔들리고 갈등은 깊어지고 있다. 국민의 삶은 갈수록 팍팍하고 고단할 뿐이다. 그런데도 정부와 여당은 실정을 가리는 데만 급급하고 정적을 죽이는 데만 혈안이 되어있다. 야당은 당내에서 자리다툼을 하며 단합된 목소리를 내지 못하고 있다. 정치가 국민을 불행하게 하는 것이다.

희망의 정치로 나아가기 위해 이재명 대표의 호소처럼 상생의 길, 협치의 길을 찾아야 한다.

• • •

협치를 실천하다

나는 의정활동을 해오던 지난 시절 선배 정치인에게서 들은 '화이부동과 구존동이'라는 말을 금과옥조처럼 마음에 품으려 애써왔다.

서울시의회에서 의정활동을 할 때 사안마다 야당 의원과 대립해야 하는 일이 비일비재했다. 나는 그것이 나쁘다고 생각하지 않는다. 정당정치란 결국 국민의 차이나는 목소리들이 토론을 통해 조율되어 최선의 결과를 찾아가는 것이다. 대립하는 혹은 관점이 다른 의견이 나오지 않는다면 그것이 민주주의가 아니라 전체주의다.

일례로 누리과정에 필요한 지방교육재정 확대를 촉구하는 현수막을 서울시의회 교육위원회 이름으로 게시하려 했을 때 당시 여당이었던 새누리당 의원들의 반대가 있었다. 당시 서울시의회는 우리 민주당이 절대다수였기 때문에 의석수로 밀어붙여 예산을 집행해도 될 일이었다. 하지만 결과보다 중요한 것이 바로 과정이라고 생각한 나는 공식 회의를 소집하고 여당의 의견을 끝까지 경청했다. 들어보니 누리과정에 대한 문제의식은 우리와 크게 다르지 않았지만, 현수막에 들어가는 몇 개의 단어를 수정하자고 했다. 서로 최대한 양보하고 최선의 답을 구한 것이다. 현수막 하나 걸자고 공식 회의를 소집하고 그 내용을 속기록에 남긴 사례는 국회와 지방의회를 통틀어 유일한 일이었지만 나는 협치의 모범을 보여줬다고 생각해 뿌듯하다.

내가 일상에서 화이부동, 구동존이를 실천하는 방식이 있다. 우선 회의에 가장 일찍 가서 상대 당 의원들에게 90도로 인사하고, 건성이 아니라 진심으로 그들의 이야기에 귀를 기울이고, 가끔은 같이 식사하자고 청한다. 대화를 나누다 보면 때로는 그들의 말이 더 합리적이라는 생각이 들기도 하고, 전문적인 식견을 배우기도 한다. 그러다 보니 허심탄회한 친구 사이로 발전하는 때도 있었다. 교육전문가도 아닌 내가 서울시의회 상임위원장에 당선된 것은 나와 다른 입장을 갖는 의원들이 있었기 때문이라고 자신 있게 말할 수 있다.

하지만 절대 양보할 수 없는 것도 있다. 누리과정, 친일인명사전, 학생인권조례, 사립학교 조례, 혁신학교 문제 등 국민의 삶에 이익이 된다고 믿는 사안에 대해서는 결코 주장을 굽히지 않았다. 최대한 상대방의 의견을 수렴하되 끝까지 관철하려 노력했다. 내 의견의 타당함을 최대한 논리적으로 설명하려 노력했다. 이것이 화(和)하되 부동(不同)의 자세이고, 구동(求同)하되 존이(存異)의 자세이다.

・・・

의견의 다름을 다투지 않고
저마다의 능력을 겨루는 정치를 위하여

윤석열 대통령은 취임 후 1년이 넘도록 야당의 대표를 단 한 번도 만나지 않았다. 다양한 목소리를 듣겠다고 자처한 도어스테핑도 뚜렷한 이유 없이 일방적으로 중단해버렸다. 정책을 내놓을 때 야당의 의견을 구하지도 않았고 그 정책의 문제점을 제기하면 가짜뉴스로 매도한다. 야당이 우려를 표하는 인사에 대해 어떤 재고도 없이 임명을 단행한 것도 마찬가지이다. 이런 대립의 정치로 도대체 무엇을 할 수 있다고 생각하는지 궁금하다. 항간에 떠도는 말처럼 대통령이라는 자리를 전제군주제의 왕처럼 여기는 무지함이 아닌지 의심스럽다.

보복이 두려워 보복을 일삼고, 비판이 두려워 비판을 먼저 하는 윤석열 정권은 자존감이 일도 없는 하수의 정권이다. 전 정부와 반대 의견을 탓하지 말고 능력을 발휘하면 될 일이다. 더 좋은 성과를 내어 나라를 잘 운영하고 국민의 삶을 행복하게 만들면 될 일이다. 그럴 수 없다면 정치를 내려놓으면 된다.

　여당이 여당다움을 잃지 않고 야당이 야당다움을 잃지 않으면서 서로 화합할 수 있는 정치, 의견의 다름을 다투지 않고 저마다의 능력을 겨루는 정치, 누가 더 국민을 행복하게 해줄 수 있는지 온 힘을 다해 경쟁하는 정치, 지금 대한민국 정치에 2500년 전 공자의 지혜가 필요한 이유이다.

연암에게서 실용정치를 배우다

이제는 민생을 위한 합리적 실용정치이다

　많은 사람이 우리나라 정치에 혁신이 필요하다고 말한다. 나도 전적으로 동감한다. 그런데 그 혁신의 방향과 구체적인 내용은 무엇이어야 할까. 과거 이념 대립의 시대와 달리 국민은 보수냐 진보냐가 그리 중요하지 않다. 전 세계적으로 신자유주의가 팽창하고 부의 양극화가 심각한 지금 국민이 가장 간절히 원하는 것은 '민생을 위한 합리적 실용정치'이다. 정치권 일각에서는 '세대교체론'을 내세우는데 얼굴만 바뀌고 구태정치가 계속된다면 그것이 무슨 혁신이고 개혁이 되겠는가.

　나는 정치를 시작하고 난 후 내내 한국 정치의 구태의연함에 대해 심각한 회의를 느껴왔다. 거대 양당이 오직 진영싸움을 하느라고 국민의 민생에 도움이 되는 정책이어도 상대 당의 정책이면 발목 잡고 싸우기에 여념 없는 걸 자주 목격한다. 도대체 정치의 목적이 무엇인지 모를 지경이다. 그런 의미에서 내가 이재명 대표를 따르게 된 이유도 바로 그가 민생정치로의 정치개혁을 주장했기 때문이다.

특히 2019년 이재명 시장이 해결했던 '계곡 복원 사업'에서 법과 원칙을 내세우면서도 철거로 인해 피해를 봐야 하는 상인들을 끝까지 돕고자 했던 결과 오히려 철거당하는 상인들로부터 큰 지지를 받았던 일을 보며 깊은 감동을 받았다. 그 후 나는 경기신용보증재단 전략상임이사와 경기도 우수기업인증심의위원이 되어 일할 기회를 얻었는데 주로 어려운 소상공인을 돕는 일이었다. 그때 이재명 시장의 실용정치 해법이 나에게 큰 가르침이 되었다.

연암의 가르침, 똥덩어리와 이용후생(利用厚生)

민생과 실용이 무엇인지, 정치가 어떻게 그것을 이루어낼 수 있는지 고민할 때마다 가슴에 품는 책이 있다. 연암 박지원의 열하일기이다. 우리가 역사 수업 시간에 배웠던 '실사구시, 이용후생' 같은 개념이 사실 정치인이 되어 내가 이루고 싶은 실용정치와 본질에서 닮아있다는 것을 이 책을 읽으며 깨달았다. 조선이라는 세상에 그런 혁신적인 사상가가 있었다는 게 새삼 놀랍다.

여기에 그의 사상을 엿볼 수 있는 대목을 잠깐 소개하겠다. 연암 박지원은 18세기 청나라를 여행하고 '열하일기'라는 여행기를 남겼다. 청나라 황제의 70세 생일을 축하하기 위한 사절단 일원으로 참여한 것인데 당시 조선의 지배계급인 사대부들은 병자호란 이후 마지못해 청나라에 사대의 예를 갖추고 있었지만, 속내는 오랑캐 족속이라는 멸시가 가득 차 있었다. 그런데 박지원은 다른 사대부들과는 달리 앞선 기술과 문물을 면밀하게 관찰하고 조선에 돌아와 실사구시와 이용후생의 실용학문인 실학을 주장하게 된다. 당시 조선은 국가이념인 유교 사상의 영향으로 오직 농업만을 중요하게 여기고 상공업을 천하게 여기는 국가정책을 펼치고 있었다. 그러나 때는 18세기였다. 서양에서는 산업혁명이라는 세기의 변화가 일어나고 있었을 때인 것이다. 그런 의미에서 폐쇄적인 조선에서 실학이라는 새로운 사상과 학문을 주장한 것은 그야말로 혁신 그 자체가 아닐 수 없다. 조선 최고의 기득권 세력인 노론 명문가 일원의 주장이라고는 믿어지지 않을 정도이다.

청 문명의 장관은 기왓조각과 똥 부스러기에 있다.

북경을 유람하고 온 사람들한테 제일 장관이 뭐냐고 물으면 대게 이렇게 대답한다.
"요동 천 리의 넓은 들판이 장관이야."
"옛날 요동의 백탑이 장관이더군."
"노구교가 장관이야."
"산해관이 장관이지."
"유리창이 장관이야."
그런가 하면 일류 선비(上士)들은 정색하여 얼굴빛을 고치며 이렇게 답한다.
"도무지 볼 것이라고는 없습디다."
"어째서 볼 것이 없던가요?"
"황제가 머리를 깎았고, 장상과 대신 등 모든 관원들이 머리를 깎았으며, 선비와 서민들까지도 모두 머리를 깎았더군요. 아무리 부강하고 박식하면 뭐합니까? 머리를 깎았다면 오랑캐일 뿐이죠. 오랑캐는 개돼지나 다를 바 없습니다. 개돼지에게서 대체 무에 볼 것이 있겠습니까?"

다음으로 이류 선비(中士)는 이렇게 말한다.
"성곽은 만리장성이고, 궁실은 진시황의 아방궁을 흉내냈을 뿐입니다. 선비와 서민들은 위진魏晉 시대처럼 겉만 화려한 기풍을 좇고, 풍속은 수 양제와 당 현종 때처럼 사치스러움에 빠져 있더군요. 진실로 십만 대군을 얻어 산해관으로 쳐들어가 중원을 소탕한 뒤에라야 장관을 말할 수 있을 겁니다."

"나는 비록 삼류 선비(下士)지만 감히 말하리라. 중국의 장관은 저 기왓조각에 있고, 저 똥덩어리에 있다."

어째서 그러한가? 깨진 기왓조각은 천하에 쓸모없는 물건이다. 그러나 담장 어깨 위로 깨진 기왓장을 두 장씩 마주 붙여 놓으면 물결무늬를 이룬다. 네 쪽이 안으로 합하면 동그라미 무늬가 되기도 하고, 밖으로 등을 대어 붙이면 엽전의 구멍 모양을 이루기도 한다. 기왓조각들이 서로 맞물려 알쏭달쏭 뚫린 구멍들이 안팎으로 마주 비치면서 영롱하게 어우러지니, 천하의 아름다운 무늬가 여기에 다 갖추어진 셈이다.
똥오줌이란 천하에 더러운 물건이다. 그러나 이것을 거름으로 쓸 때는 마치 금싸라기인 양 귀하게 여긴다. 길에는 부스러기 하나 버려진 것이 없고, 말똥을 줍는 자는 삼태기를 둘러메고 조심스레 말꼬리를 따라다닌다. 이렇게 모은 똥을 혹은 네모반듯하게, 혹은 팔각형으로 혹은 육각형으로 혹은 누각이나 돈대의 모양으로 만들고 보니 천하의 제도가 다 여기서 이루어졌음을 알 수 있다.

열하일기 〈일신수필〉 중에서 7월 15일

정덕正德을 환기하라!

주변의 진열 상태를 둘러보니 모든 것이 단정하게 정리되어 있다. 한 가지도 대충 늘어놓은 것이 없다. 심지어 소외양간이나 돼지우리까지 모두 법도 있게 깔끔하다. 땔감 쌓아 놓은 것이나 두엄더미까지도 그림처럼 곱다. 아! 이렇게 한 뒤에야 비로소 이용利用이라 말할 수 있으리라. '이용'이 있은 뒤에야 후생厚生이 될 것이요, 후생이 된 뒤에야 정덕正德이 될 것이다. 그 '쓰임을 이롭게(이용)' 할 수 없는데도 '삶을 도

탑게(후생)' 할 수 있는 건 세상에 드물다. 또 생활이 넉넉지 못하면 어찌 '덕을 바르게 펼(정덕)' 수 있겠는가?

열하일기 〈도강록〉 중에서 6월 27일

* 인용글 출처 : 〈삶과 문명의 눈부신 비전, 열하일기〉 고미숙 저, 아이세움 출판사

조선의 근엄한 사대부가 자신을 스스로 '삼류'라 칭하며 청나라 변방의 마을을 이리저리 기웃거리거나 기왓조각, 두엄더미, 부엌 살림살이 같은 하찮은 것들을 살피다니 참으로 체통 없는 짓이었겠다. 하지만 나는 그런 행동에서 새로운 시대에 대한 그의 예지력이 느껴진다. 권위를 깨뜨리는 자유로움과 진정으로 백성을 위하는 지식인의 모습이 느껴진다.

일류의 무능정치

내가 연암의 글을 떠올렸던 계기가 또 있다. 2012년 12월 말 국민의힘 윤석열 대선 후보가 TK를 찾아 공개적으로 했던 '삼류발언'을 들었을 때이다. 그는 전 정부를 비판하며 "이 무식한 삼류 바보들을 데려다가 정치를 해서 나라 경제 망쳐 놓고"라는 말을 했고, "권위주의 독재정부는 국민 경제를 확실하게 살려놔서 우리나라 산업화 기반을 만들었습니다. 이 정부는 뭐 했습니까?"라고 지지층에게 호소했다.

나는 이 말을 듣고 생각했다. 첫째는 윤석열은 독재정치를 하겠구나 하는 것이고, 둘째는 삼류가 아닌 윤석열은 적어도 민생정치에는 힘쓰겠구나 하는 것이다. 아마 많은 국민이 경제를 확실히 살리겠다는 그의 말을 믿고 투표를 했을 것이다. 나중에 보니 나의 예측은 하나는 맞고 하나는 틀렸지만 말이다.

결과는 어떠한가? 그는 확실히 연암의 글 속에 있는 '일류'였다. 세계의 여러 나라가 어떻게 제 나라에 이익이 되는 정책을 펴는지는 아예 보려 하지 않고, 그저 그의 관념 속에서 대장 나라인 미국과 일본에 머리를 조아리는 외교 자리에만 쫓아다니고 있다. 미국이 남의 나라 전쟁 비용을 대라고 하면 퍼주고, 일본이 핵 오염수를 방류하겠다고 하면 돈을 대어 홍보해주고 있다. 그리고 거만하게 자신이 '일류'인 양 한다. 누가 봐도 사대주의 그 자체가 아닐 수 없는데 말이다.

윤석열 정권 집권 2년 차인 2023년 8월 참여연대는 정부의 경제정책에 대해 세수 부족 대책이 없고 부동산, 가계부채 등 리스크에 대한 구조적 해법이 없고 취약계층에 대한 제대로 된 복지 지원책이 없는 '3

무 정책'이라고 평가했다.

　굳이 말 안 해도 국민이 직접 체감하고 있다. 정부가 가장 발 빠르게 한 일은 부자 감세뿐이었다. 덕분에 세수는 부족하고 복지 정책은 후퇴했다. 최대 무역국인 중국과의 외교 갈등으로 수출은 하락하고 경제에 적신호가 켜지는 데도 재벌기업만 옹호하고 노동조합을 탄압하고 있다. 중소기업에 대한 어떠한 대책도 내놓지 못하고 있다. 물가와 금리는 치솟고 서민 가계경제는 몰락하고 있다. 한마디로 사는 게 너무 팍팍하다는 것이다.

　여기에 한술 더 떠 정부는 올해 R&D(연구개발-Research and Development) 예산을 대폭 삭감했다. 60년 만에 처음이라고 한다. R&D 예산은 기초과학을 연구하는 투자비용으로 우리 미래 먹거리가 걸려있는 매우 중요한 예산이다. 그래서 역대 정부는 이 예산을 꾸준히 늘리며 미래에 투자해온 것이다. 그런데 아무런 설명 없이 이 정부는 삭감해버렸다. 서울대 법대 출신의 생각에는 과학이 그렇게 중요한 학문이 아니었을까.

　연암은 우물의 도르래 하나도 백성의 삶을 편리하게 하는 기술이라고 여겼다. 글 읽는 조선의 사대부들은 그런 하찮은 것 대신 한족의 나라를 섬기고 받드는 데 여념이 없었겠지만 말이다. 지금 윤석열 대통령도 조선의 사대부들과 다르지 않다. 시간만 많이 들고 당장에 표도 안 나는 기초과학이 뭐 그리 중요하단 말이냐, 우리보다 큰 나라인 미국의 기술을 그냥 들여와 필요한 물건이나 만들면 된다는 식이다.

　자원이 부족한 우리나라에서 기업들이 세계에 진출하고 국가를 부강하게 할 방법은 오직 기술과 문화 콘텐츠뿐이다. 그런데 이 정부는 아무래도 국가의 경제를 포기한 모양이다. 그렇지 않고는 도저히 이해되지 않는 일들이 계속 일어나고 있다.

전통적으로 정치에서 실용은 보수의 목소리였다. 하지만 부패 기득권들이 공직자들과 손잡고 인맥과 카르텔로 영원한 이익을 취하려는 지금 대한민국에서 '실용'은 공정이고 평등이며 균형이라는 말로 읽힌다. 이제 소수의 기득권이 아닌 다수의 국민이 함께 잘 먹고 잘사는 방법을 찾는 일에 유능함을 발휘하는 민생정치로 나아가야 한다. 그것이 정치의 혁신이고 개혁이다.

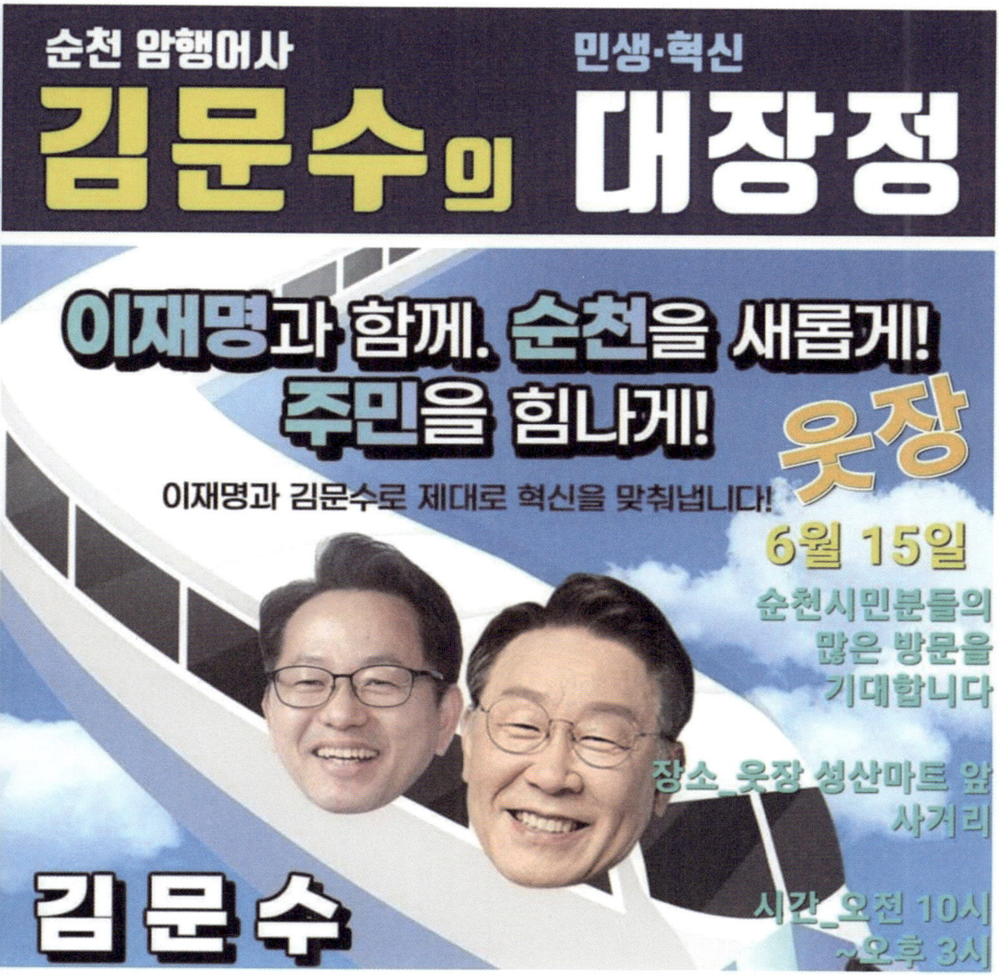
순천 암행어사
김문수의
민생·혁신
대장정
이재명과 함께, 순천을 새롭게!
주민을 힘나게!
웃장
이재명과 김문수로 제대로 혁신을 맞춰냅니다!
6월 15일
순천시민분들의
많은 방문을
기대합니다
장소_웃장 성산마트 앞
사거리
시간_오전 10시
~오후 3시
김문수

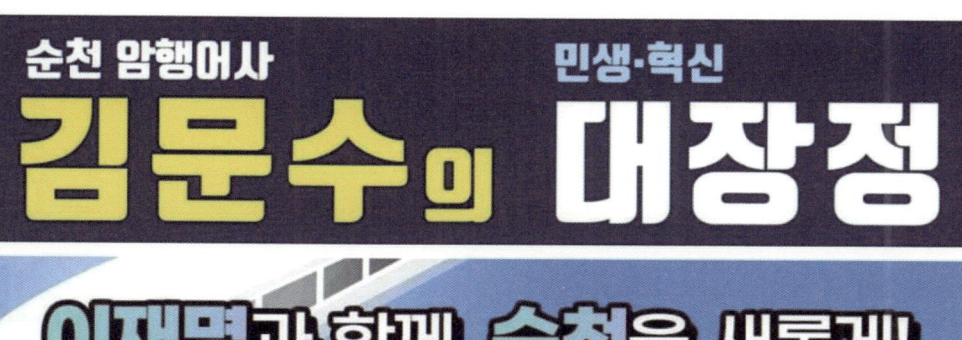

3장. 암행어사의 시대

- 새날이 오기 전 어둠이 가장 짙다
- 홍범도 장군과 친일인명사전
- 다시, 민주주의를 외치다
- 나의 정치적 동지, 김용과 정진상
- 오염수, 너희들이나 먹어라
- 혁신도 없고, 감동도 없다
- 검사 탄핵안, 찬성 서명하셨습니까
- 내가 증인이다
- 전입신고를 하다
- 순천 2석과 전입 운동

새날이 오기 전 어둠이 가장 짙다

죽음을 각오한 싸움이 시작되다

 2023년 8월 31일 더불어민주당 이재명 대표가 죽음을 각오하고 무기한 단식에 돌입했다. 다음은 당 대표 취임 1주년 기자회견 모두발언을 통해 윤석열 정권의 폭정을 조목조목 지적한 내용이다.

- 대한민국은 민주공화국이고 나라의 주인은 국민이다. 국가 존재 이유는 이념이 아니라 민생이다. 대통령은 국민을 지배하는 왕이 아니라 주권자의 대리인, 충직한 일꾼이어야 한다. 대통령은 국민과 싸우지 말고 국민을 위해서 싸워라.
- 국민의 생명과 안전을 지켜야 할 정권이 안전을 걱정하는 국민을 괴담이라고 매도하고 겁박한다.

- 2023년 대한민주공화국의 헌정질서가 파괴되고 있다.
- 윤정권은 일본 핵 폐수 투기테러에도 저항하기는커녕 맞장구치며 공범이 되었다.
- 어민, 횟집, 수산 종사자들의 생업이 위협받고 국민 먹거리 안전이 위협받고 있는데, 윤정권은 1+1을 100이라는 선동세력이라 매도하며 국민과 싸우겠다고 한다. 무도한 정권을 향해 대표가 대신 싸우겠다.
- 윤정권은 독립전쟁의 영웅 홍범도 장군을 공산당으로 매도하며 흉상 철거를 통해 이념 전쟁으로 국민 갈라치기를 하고 있다.
- 윤정권은 국가의 부름에 응했다가 억울하게 생을 마감한 청년에 대한 사건 진상을 파악하고 책임을 묻기는커녕 오히려 진실 은폐에 급급하다. 은폐 이유가 대통령 때문이라는 의혹이 제기되니까 은폐를 거부한 수사단장을 구속하겠다고 한다.
- 윤정권은 서울양평고속도로 종점이 대통령 처가 땅으로 바뀌는 의혹이 제기되자 국책사업을 백지화한다. 권력 사유화와 국정 농단으로 나라가 무너지고 있다.
- 윤정권은 고물가, 고환율, 고금리에 일자리 부족, 수출 부진, 내수 부진 등 경제 지표가 온통 빨간불에 민생이 무너지고 있는데 국가가 져야 할 빚을 국민에게 떠넘기고 있다.
- 윤정권은 초부자감세로 나라 곳간을 거덜 내고도 그 책임을 전부 서민에게 떠넘기고 있다.
- 윤정권은 159명이 백주 대낮에 목숨을 잃고 그 유가족이 거리를 헤매고 있는데 어떤 책임도 지지 않고, 국민은 '무정부 상태'를 '각자도생'하며 버티고 있다.
- 윤정권은 이동관을 방통위원장에 선임해 MB식 언론탄압을 재개하고 정부의 실정과 무능, 폭력을 땡윤 뉴스로 가리려 하지만 괴벨스를 부활

시키려는 독재적 사고는 시민적 저항에 직면할 것이다.
- 윤정권은 의견이 다른 국민을 반국가세력으로 매도하고 이념을 앞세워 한반도를 전쟁 위기로 몰아가고 있다. 공산주의 사냥하는 철 지난 메카시가 대한민국에서 부활하고 있다.

이 중에서 틀린 말이 있는가? 모두 거짓말이었으면 좋겠지만 2023년 대한민국에서 숨 쉬고 있는 사람이라면 아무도 그렇게 말하지 못할 것이다. 우리 눈앞에서 벌어지고 있는 일이고, 우리가 매일 겪고 있는 진실이다. 헌정질서와 민주주의를 파괴하고 국민을 향해 전쟁을 선포하는 정권에 맞서 싸우겠다는 의지, 맨 앞에 서겠다는 의지가 바로 야당 대표의 '단식'이다. 그러니 당장 일어나 함께 싸우라는 결연한 명령이다.

삭발 투쟁을 시작하다

그러나 우리의 정치판은 얼마나 비루한가? 제1야당의 대표가 정치적 메시지를 내걸고 단식에 들어가는데 원인 제공자인 대통령실은 '누가 단식하라고 했느냐?'라고 조롱한다. 여당은 사법 리스크를 피하기 위한 '방탄 쇼'라고 하고, 법무부 장관은 '잡범'이라는 천박한 말을 사용하며 자해 소동쯤으로 폄하하며 언론 플레이를 한다. 그리고 검찰은 소환조사를 하고 구속영장을 청구한다.

더 끔찍한 것은 당 대표가 사즉생 각오로 전장에 서 있는데 아군인 민주당 내에서 당 대표를 사퇴하라느니, 체포동의안을 통과시켜야 한다느니 하는 말도 안 되는 목소리를 내는 세력들이 있다는 것이다. 도대체 품격이라고는 찾아볼 수 없는 정치판이다. 특히 당내에서 해당의 목소리를 내는 이들에게 따져 묻고 싶다. 당신들은 이재명 대표의 말이 틀렸다고 생각하는가. 당신들의 대표를 물러나게 하는 것이 무너진 민주주의, 무너진 법치, 무너진 민생을 다시 세우는 것보다 더 급한 일인가. 무엇이 중요한가.

나는 이재명 대표와 함께 싸우기로 했다. 그래서 순천의 시민들이 지켜보는 앞에서 '윤석열 탄핵, 이재명 지켜'라는 구호를 외치며 나의 머리카락을 잘랐다. 삭발 투쟁이다. 누군가 내게 왜 단식이 아닌 삭발이냐고 물었다. 웃으며 "나는 굶으면 못 싸워요."라고 답했다. 농담처럼 한 말이지만 틀린 말은 아니다.

대표의 단식은 선봉에 선 장군이 든 깃발과 같은 것이다. 우리는 그 깃발을 따라 전진해야 한다. 국민에게 단식의 참뜻을 알려야 하고, 무도한 검찰 권력으로부터 대표를 지켜야 하며, 매일 벌어지는 윤석열 정권의 국정농단을 막아내야 한다. 그래서 굶을 수가 없는 것이다. 뛰어야 하고 외쳐야 하고 싸워야 하기에 밥은 먹어야 한다. 이 싸움은 이재명이라는 한 사람의 싸움이 아니다. 민주당의 모든 당원이 함께하는 싸움이며 민주 시민 모두가 함께하는 싸움이다. 각자의 방식으로 싸워야 한다. 그렇게 내가 선택한 방식이 바로 '삭발 투쟁' 이다.

삭발 투쟁의 장점은 어디에서나 눈에 띈다는 것이다. 요즘 같은 시대에 머리를 빡빡 밀고 돌아다니면 만나는 사람마다 왜 삭발을 했냐고 묻는다. 그러면 나는 그 사람을 잡고 나라의 심각한 문제를 이야기하고, 이재명 대표의 단식투쟁을 이야기한다. 촛불집회 단상에도 서고, 피켓 들고 거리도 활보하고, 동네 시장에도 찾아다니며 한 번이라도 더, 한 사람이라도 더 만나고 이야기하고 외치는 것이 나의 삭발 투쟁이다.

어둠은 빛을 이길 수 없다

이재명 대표의 단식은 가장 처절한 상식이었지만, 거기에 대응한 정부와 여당, 검찰, 그리고 민주당 내 비명계 세력들은 가장 악랄한 비상식을 행하고 말았다. 23일간 이어진 생과 사를 오가는 그 단식의 시간 동안 검찰은 이 대표를 소환 조사했고 법적 근거가 전혀 없는 구속영장을 청구했다. 한술 더 떠 국회에서는 있을 수 없는 일이 일어났다. 체포동의안이 가결된 것이다. 170여 석의 절대다수 의석을 차지하고 있으면서도 민주당은 자신들의 당 대표를 적들에게 내주고 말았다. 당원들의 절대적인 의견을 완전히 묵살하고 당 대표를 사지로 내몰고 말았다. 이것은 협잡이고 해당 행위이다. 가결에 표를 던진 의원들은 누구인가? 국민의 운명, 당의 운명보다 자신들의 자리가 더 중요한 사람들, 국민이 준 금배지를 자기의 권력인 양 여기는 구태정치의 장본인들, 역사는 그들에게 반드시 책임을 물을 것이다.

새날이 오기 전 어둠이 가장 짙다. 지팡이를 짚고 수척한 몸으로 빗속을 걸어가던 이재명 대표의 영장실질심사 출석 모습이 그렇다. 나는 수많은 동지들, 지지자들과 함께 비를 맞고 밤새 그 시간을 지켰다. 그리고 마침내 영장기각 소식이 들려왔다. 어둠은 빛을 이길 수 없다는 말이 실감 나는 순간이었다.

윤석열 정권이 끝나지 않는 한 시련은 계속될 것이다. 그들의 권력은 무도하고 뻔뻔하고 악랄하기에 반성할 줄 모른다. 검찰권 남용은 멈추지 않을 것이고 권력의 시녀가 된 언론은 같이 춤을 출 것이다.

하지만 우리는 이제 승리하는 법을 알고 있다. 국민과 함께 가는 것이다. 민주주의의 주인은 국민임을 잊지 말아야 한다.

홍범도 장군과 친일인명사전

보수 정권의 계속된 역사 지우기

윤석열 정권 2년 차가 된 올해 국방부는 육사 교정에 설치된 홍범도 장군 등 독립운동가 5인의 흉상 철거 방침을 밝혔다. 독립운동가의 흉상을 철거한 그 자리에 친일 행적이 명백히 밝혀진 백선엽의 흉상을 세운다는 계획이라고 한다. 이것에 대해 여론의 항의가 거칠어지자 정부와 군은 난데없이 홍범도 장군의 소련 공산당 가입 이력을 끄집어내어 논점을 흐트리고, 기어이 강행할 의지를 보이는 중이다.

이는 명백한 역사 부정이며 독립운동사 지우기이다. 그리고 그것은 친일 찬양과 다르지 않다. 지난 정부 시절 이역만리 타국에 묻힌 홍범도 장군의 유해를 고국으로 모셔왔던 문재인 전 대통령은 페이스북에 이런 메시지를 남겼다.

"봉오동 전투와 청산리 전투는 대한민국 임시정부가 일제와의 독립 전쟁을 선포한 이후 우리 독립군 부대가 일제 정규군을 상대로 처음으로 거둔 큰 승리였습니다. 독립영웅 다섯 분의 흉상을 육사 교정에 모신 것은 우리 국군이 일본군 출신을 근간으로 창군된 것이 아니라 독립군과 광복군을 계승하고 있으며, 육사 역시 신흥무관학교를 뿌리로 삼고 있음을 천명함으로써, 국군과 육사의 정통성을 드높인 일입니다. 흉상 철거는 역사를 왜곡하고 국군과 육사의 정통성과 정체성을 스스로 훼손하는 처사입니다."

-문재인 페이스북 중에서

사실 윤석열 정권의 이런 친일적 역사 지우기는 이미 예고되었다. 그는 3·1절 기념사에서 "세계사의 변화에 제대로 준비하지 못해 국권을 상실하고 고통받았던 우리의 과거를 되돌아봐야 한다"라며 일본의 식민사관을 공인하는 발언을 했고, "3·1 운동 이후 한 세기가 지난 지금 일본은 과거 군국주의적 침략자에서 같은 보편적 가치를 공유하는 동반자로 변했다"라고 과거사에 사과하지 않는 일본을 옹호했다. 또 8·15 경축사에서는 독립운동을 건국운동으로 규정하는 극우적 신념을 드러냈다. 또 일본 전범 기업의 배상 의무에 대한 '제3자 변제안', 후쿠시마 방사능 오염수 해양 방류에 대한 동조 등 이 정권의 일본 편들기, 친일적인 행태는 끝이 없이 이어지고 있다.

그것을 지켜봐야 하는 국민의 분노와 무참함은 신경도 쓰지 않는다. 오히려 역사를 바로잡고, 국민의 안전을 지키라는 목소리에 대해 '공산전체주의', '반국가세력'이라는 이념적 프레임을 씌우며 쏘아붙이고 있다. 심지어는 나라와 민족을 위해 헌신했던 독립운동가, 민주주의 운동가들을 '빨갱이'로 찍어내는 일조차 서슴지 않는다.

실체도 없는 '보편적 가치'를 내세우며 굴욕적인 대일 외교를 이어가는 대통령의 행태는 명백한 매국이다. 역사에 대한 무지와 권력에 대한 오만이 가져온 대참극이다.

왜 보수 정권만 들어서면 이 모양새일까? 왜 보수 정권은 친일을 옹호하는 것일까? 이명박 정권의 건국절 논란, 박근혜 정권의 역사 교과서 국정화 사태 등에 이어 윤석열 정부도 기다렸다는 듯이, 아니 더 노골적이고 적극적으로 친일을 옹호하고 일본을 추앙하는 이유는 무엇일까?

• • •

친일인명사전을 읽히는 것은 역사를 바로 세우는 일

홍범도 장군 흉상 철거 사태를 지켜보는 내내 서울시 의원이었던 2014년 친일인명사전 배포를 위해 싸웠던 일이 생각났다. 친일인명사전은 '친일인명사전 편찬위원회'와 '민족문제연구소'가 1994년부터 편찬 작업을 진행해 2009년 11월 출간한 책이다. 1905년 을사늑약 전후부터 1945년 8월 15일 해방까지 일제의 한반도 침략을 지지 · 찬양하고, 일제의 식민통치와 전쟁에 협력한 친일 인사 4389명에 대한 구체적인 반민족행위와 해방 이후의 주요 행적을 담고 있다.

친일인명사전이 중요한 이유는 1948년 10월 제헌국회에 설치됐던 반민족행위특별조사위원회(반민특위)에 그 역사적 뿌리를 두고 있기 때문이다. 불행하게도 반민특위는 친일파를 정치적 기반으로 삼았던 이승만 세력에 의해 해체되었고, 제대로 친일 청산이 이루어지지 못한 채 면죄부를 얻은 친일 세력들이 오히려 사회의 지배세력으로 군림하게 되는 결과를 낳았다. 이런 잘못된 역사를 바로잡고자 하는 오랜 노력의 결과가 바로 친일인명사전이다. 게다가 친일파 후손들과 보수단체들의 저항으로 무산될 위기에 처했을 때 시민들의 자발적 모금과 후원으로 발간되었다. 정치 권력에 의해 좌절된 친일 청산을 시민의 힘이 기적적으로 이루어낸 것이다.

시간이 흘러 2014년 10월 나는 우연히 거리에서 서명운동하는 '역사교육 바로세우기 시민네트워크'라는 단체를 만나게 되었다. 그들은 사람들에게 서명과 함께 1만 원씩 후원을 받아 친일인명사전을 구매한 뒤 초중고 도서관에 기증하는 운동을 해오고 있다고 했다. 그런데 책값이 30만 원으로 비싼 편이어서 모금 운동을 통해 기증한 것이 겨우 20개 학교에 불과한 상황이었다.

나는 깜짝 놀랐다. 지금까지 친일인명사전이 우리 초중고 도서관에 비치되어 있지 않았다니! 친일인명사전이 원래의 목표대로 친일 청산의 단초가 되기 위해서는 많은 사람이 널리 읽어야 함은 물론이고, 특히 미래 우리 사회를 이끌어갈 청소년들에게 이 책을 읽혀 제 나라의 역사를 똑바로 알게 하고 나라에 대한 자긍심을 일깨우는 것은 가장 중요한 교육이 될 터이다. 그런데 이렇게 찬밥 취급을 받고 있다니, 몹시 화가 나고 부끄러웠다.

당시 서울시의회 교육위원장을 맡고 있던 나는 서울지역 모든 학교에 친일인명사전을 보급하는 것이 나의 중요한 책무라고 생각했다. 그리고 바로 움직이기 시작했다. 각 학교에 전수조사하고 예산 문제를 해결하고 서울지역 중고등학교 585개교에 친일인명사전을 보급하는 내용의 '친일 청산 교육활동 지원사업'을 최종 통과시켰다.

하지만 정상적으로 예산안이 통과됐음에도 불구하고 각 학교에 친일인명사전을 보급하는 일은 결코 녹록지 않았다. 1948년 반민특위가 그랬고, 2003년 친일인명사전 발간이 그랬던 것처럼 '친일 청산'이라는 자명한 일을 자꾸 막아서는 세력들이 있는 것이다. 도대체 그들은 누구인가?

친일파들의 변명

사실 친일인명사전은 발간 때부터 고된 몸살을 앓아야 했다. 그도 그럴 것이 거기에 실린 사람들의 면면을 보면 해방 이후 한국 사회에서 지배 권력으로 군림하며 부와 명예를 누리거나 사회지도층이 되어 각 분야에서 지대한 영향력을 끼친 사람들이 대부분이기 때문이다. '반민족행위특별법'이 정한 친일 행위 기준을 따르고 모든 검증 과정은 증거주의에 따라 객관적으로 진행되었지만 이미 기득권을 가진 이들의 저항이 만만치 않았다.

그리고 논란의 정점에는 단연 박정희 전 대통령이 있었다. 2009년 발간 당시 보수세력들은 "국가발전의 공과 일제강점기 당시 협력을 강요받았던 전후 상황 등을 종합적으로 고려해야 한다"라며 거세게 반발했고, 2015년 친일인명사전을 학교에 보급하겠다고 하자 보수 성향의 학부모단체들은 "경제를 살린 박정희 전 대통령을 친일파라고 우기며 대한민국의 정통성을 완전히 부정하는 책을 학생들에게 강제로 읽혀서는 안 된다"라며 연일 시위를 벌였다. 당시 하태경 새누리당 의원은 라디오 인터뷰에서 "박정희는 우리 근대화의 영웅이고 안익태도 애국가를 만든 사람이다. 이들을 친일로 규정하는 것은 대한민국을 흠집 내는 것과 마찬가지"라며 "좌 편향 단체가 검증도 안 된 자의적 기준으로 만든 책을 국민 세금으로 학교에 배포하는 것은 있을 수 없는 일"이라고 주장했다.

하지만 그렇게 반발하며 떠들어댈수록 온 국민에게 박정희의 지울 수 없는 친일 행적이 더 까발려지는 결과만 가져올 뿐이다. 진실은 절대 가려지지 않는다.

국가발전의 공이 있으니 친일 정도는 눈감아 줘야 한다는 논리는 지금 홍범도 장군에 대해 독립운동을 했지만 공산주의 이력이 있으니 인정할 수 없다는 논리, 백선엽에 대해 친일은 했지만 전쟁 영웅이니까 괜찮다는 논리와 같은 맥락이다. 그들에게는 고통받은 국민은 보이지 않는다. 지켜야 할 권력만 있을 뿐이다. 그것을 '국가 정체성'이니 '반공'이니 하는 허상의 언어로 포장하고 있을 뿐이다.

친일 행적을 지우려는 것은 자신들이 친일파임을 자인하는 것이고 그것이 부끄러운 일임을 알고 있는 것이다. 그런데 이 부끄러움은 양심에 의한 부끄러움이라기보다는 사회 여론을 의식하는 부끄러움이다. 그동안 누려왔던 부와 권력을 잃을 것을 걱정하는 부끄러움이다. 그렇기에 그들은 악착같이 사회 여론을 바꾸려 한다. 친일 행적을 감추거나 혹은 '반공=애국'이라는 논리를 만들어내는 이유도 그래서이다.

진정한 의미의 보수란 그 어떤 세력보다도 외세의 침략으로부터 나라와 민족을 지키고 그 정신을 유지하려는 것을 기본 속성으로 하고 있는데 우리나라의 보수는 그 출발이 친일 세력이었던 이승만 정권에 있기에 자기모순에 빠지고 만 것이다.

• • •

역사를 잊은 민족에게는 미래도 없다

조지 오웰의 〈1984〉에는 "과거를 지배하는 자가 미래를 지배한다. 현재를 지배하는 자가 과거를 지배한다"라는 말이 나온다. 이는 전체주의 권력자 '빅브라더'가 사회를 지배하는 방식으로, 자신의 권력에 유리한 방향으로 지나간 과거사를 바꾸고 해석해 미래의 권력을 보장받는다는 의미이다.

지금 대한민국의 상황에 딱 어울리는 말이다. 윤석열 대통령은 국가의 정책에 반대하는 민주주의 운동가, 인권 운동가, 진보주의 운동가 등을 싸잡아 공산전체주의라고 말한다. 하지만 자신의 권력 유지를 위해 과거사를 지우고 왜곡하려는 윤석열 대통령이야말로 조지오웰이 그려 놓은 '빅브라더'이며 전체주의의 화신이다.

광복절을 건국절로 바꾸어 독립운동을 부정하려 했던 이명박 대통령, 역사 교과서를 국정화해 친일을 미화하려 했던 박근혜 대통령, 그들 권력의 마지막은 국민적 심판을 받아야 했다. 그런데 역대 어느 보수 정권도 홍범도 장군에게 '빨갱이'라는 낙인을 찍은 적은 없었다. 적어도 정권 차원에서는 그랬다. 그 과감한 퇴행을 지금 윤석열 정권은 하려 한다. 그 어느 때보다 진화된 신친일파의 등장을 보는 것 같다. 친일적 행보를 하는 인사를 등용시키고 침략국 일본의 입장을 대변하는 정책으로만 일관하고 있는 그가 지키고 싶은 가치는 과연 무엇인가? 앞선 보수 정권의 몰락으로부터 아무것도 깨닫지 못한 것인가?

역사를 잊은 민족에게는 미래도 없다. 잘못된 역사의 전철을 다시 밟으려는 지금 정권의 행보는 국가의 미래를 포기하겠다는 것이나 다름 없다. 그래서 우리는 두 눈 부릅뜨고 감시하고 비판해야 한다. 이 정권의 반헌법적인 역사 왜곡은 결코 성공할 수 없을 것이다.

다시, 민주주의를 외치다

나를 민주화 운동으로 이끌었던 5·18 광주

　5·18 광주 민주화 운동이 일어났던 1980년 나는 초등학교 6학년이었다. 광주의 아래쪽에 있는 순천시 송광면에 살고 있었는데, 어른들이 수군거리기를 무슨 폭동이 일어나서 광주에서 출발하여 우리 동네 앞 신작로를 지나는 버스가 오지 않는다고 했다. 영문도 모를 채 우리는 며칠 동안 학교에 가지 못했다.
　서울에서 공무원이 된 16살 많은 큰 형이 순천 행복예식장에서 결혼식을 올리기로 했는데 미루어졌다. 서울에서 우리 송광면을 오려면 광주에서 바로 오는 게 빠른데, 광주고속터미널과 광주역이 다 폐쇄되어 서울 다니러 간 사람들이 순천으로 돌아서 온다고 했다. 광주에서 고등학교에 다니는 사촌 형은 화순 사평을 지나 5~60km 거리를 걸어서 송광까지 도망 나왔다고 했다. 모든 것은 통제되었고 은폐되었다. 광주에서 어떤 일이 일어나고 있는지 그 누구도 실체를 알지 못한 채 소문만 흉흉했던 시간이었다.

그리고 중학교 때였을까, 아니면 고등학교 때였을까. 송광면 이읍교회에서 밤에 누군가 영상을 틀었다. 그 영상 속에서 광주 시민들은 총에 맞아 쓰러지고 군인들의 몽둥이에 맞으며 질질 끌려가고 있었다. 군홧발에 짓이겨지고 총탄에 피범벅이 된 희생자들의 시신이 태극기에 덮인 채 즐비했다. 저것이 진짜 우리나라에서 일어난 일이란 말인가. 나는 충격을 받고 몇 날 며칠 밤을 떨었다.

그 후 내가 대학을 가고 성인이 되는 동안 학살자들은 대한민국의 권력자로 군림하고 있었다. 아무것도 모르던 시골 촌놈을 광장에 서게 하고, 민주화 운동에 뛰어들게 한 것은 바로 분노였다.

스핀 독재의 시대가 왔다

43년이 지났다. 나는 역사가 늘 진보하기만 하는 것이라고 착각했나 보다. 지금 돌아보니 독재자들의 돈과 권력은 사라지지 않고 우리 사회의 곳곳에 암초처럼 끈질기게 살아남아 있었다. 그리고 외양을 바꾸어 돌아왔다. 더 악랄해져서 돌아왔다.

프랑스 정치대학 구리예프 교수가 제시한 스핀 독재(spin dictatorships-볼에 스핀을 넣어 휘어 들어가게 하는 속임수)라는 개념이 있다. '스핀 독재'는 과거 무력을 주로 사용하는 권위주의와 달리 정교한 홍보 전략, 메시지 등을 통해 사람들을 따르게 만들거나 산만하게 만들고 법적 수단을 동원해 반대파를 위축시키는 걸 특징으로 한다. 공포 독재만 경험했던 사람들은 언뜻 독재가 아닌 거로 속기 쉽다. 나는 지금 우리나라가 이 스핀 독재의 시대라고 생각한다. 그리고 역사가 가끔은 퇴보할 수도 있다는 것을 깨달았다.

5·18 민주화운동일이 국가 기념일이 되면서 공식행사에 일반 국민의 참석이 제한되는 불편함이 생겼다. 그래서 하루 전 이재명 당 대표와 민주당 정치인들은 5·18 민주묘지에 참배하고 전야제에 참석해 시민들과 함께했다. 전국에서 온 국민과 광주 시민이 함께 '다시, 민주주의!'를 외치며 '임을 위한 행진곡'을 부르며 금남로 거리를 행진했다. 우리는 여전히 싸우는 중이다.

· · ·

이름 없는 시민군처럼 그대들, 싸우고 있는가

　5·18 이후 민주화 운동을 이끌었던 586 정치인들에 대한 국민의 시선이 곱지 않다. 민주화 운동이 훈장이 되어 수십 년간 청와대나 국회, 대기업 등에서 기득권을 누렸으나 새로운 사회진보에 용감하게 앞장서지도 않고 후배들을 위해 물러서지도 않은 채 패거리, 들러리 정치집단으로 전락했다는 것인데 분명 일리가 있는 말이다.
　민주화 운동을 기득권처럼 여기는 일부의 586 정치인들은 노무현이나 이재명처럼 학생운동 경험이 없는 리더를 인정하지 않으려는 경향이 있다. 민주주의에 대한 공로가 없다는 이유이다. 그렇다면 지난 민주화 운동의 과정에서 함께 뜻을 모으고 지지를 보냈던 시민들은 도대체 무엇이란 말인가. 그들처럼 살아남지 못하고 끝내 유명을 달리했던 열사들은 무엇이란 말인가. 정치는 언제나 시대에 따라 그 모습이 변화하기 마련이거늘 영구적인 포상을 인정받은 공신들처럼 그 공을 권력화하려는 태도는 단호히 비판받아야 한다.

　민주당 내에서도 이재명 대표를 인정하지 않으려는 세력들은 결국 기득권의 자리를 내려놓지 않으려는 욕심의 발로인 경우가 많다. 그래서 당이야 어떻게 되든 말든 퇴행적으로 이재명 대표의 발목만 잡고 있다.
　나는 그들에게 묻고 싶다. 그대들은 목숨을 내놓으며 마지막 광주를 지키던 열사들처럼 지금 윤석열 검사독재 정권과 싸우고 있는가? 감옥이라도 불사하며 처절하게 싸우고 있는가? 그렇게 싸움으로써 그대들의 훈장을 진정으로 자랑스럽게 만들고 있는가?

5·18 광주민주화운동 43주년을 보내며 아무런 이름도 갖지 않고 민주주의를 지키던 오월의 시민군들을 자꾸 떠올리게 된다. 오월의 영령이여, 민주주의여!

나의 정치적 동지, 김용과 정진상

유검무죄 무검유죄

김용 민주연구원 부원장과 정진상 당 대표실 정무조정실장이 구속되었다. 이재명 대표를 대장동 사건에 엮으려 억지 수사를 해오던 검찰이 자신들의 의도대로 되지 않자 대장동 일당의 거짓 진술을 가지고 이재명 대표의 측근을 잡아들인 것이다. 여론전을 펼칠 심산일 것이다. 혐의를 입증할 어떠한 증거도 없이 구속영장이 발부되었다.

이재명 대표는 자신의 페이스북에 참담한 심정을 남겼다.
"저의 정치적 동지 한 명이 또 구속됐습니다. 조작의 칼날을 아무리 휘둘러도 진실은 침몰하지 않음을 믿습니다. 유검무죄, 무검유죄입니다. 포연이 걷히면 실상이 드러납니다. 제 유일한 걱정은 이재명 죽이

기와 야당 파괴에 혈안인 정권이 민생을 내팽개치고 있다는 것입니다. 경제는 망가지고 외교는 추락 중입니다. 한반도 위기는 심화되는데 전략은 보이지 않습니다. 당과 민주 세력에 대한 검찰 독재 칼춤을 막아내고, 민생을 지키는 야당의 역할에 더욱 충실하겠습니다."

- 더불어민주당 이재명 대표 페이스북에서

김용과 정진상은 나에게도 정치적 동지이다. 2016년 이재명 성남시장이 첫 대통령선거에 출마했을 때 서울시의원인 나는 이재명 시장에게 돕고 싶다고 전화했다. 그때 시장님이 나에게 연결해준 사람이 김용 형이다.

처음 김용 형을 만났을 때 나는 그가 성직자인가 싶었다. 그만큼 따뜻한 인상이었다. 연세대 신학과를 나왔다더니 그래서였을까. 형을 만날수록 참 이기심 없는 사람이라는 생각이 들었다. 그가 다른 사람을 험담하는 걸 한 번도 보지 못했다. 오히려 늘 칭찬의 말을 하는 사람이었다. 그래서 나는 그를 따르고 존경했다.

정진상 실장님 역시 많은 사람을 만나 이야기를 들어주려면 귀찮을 법도 하련만, 어떻게라도 그들의 문제를 해결해주려고 노력하는 사람이었다. 또 이재명과 함께 기득권 정치를 깨부수고 정치개혁을 이루겠다는 사명감이 강한 사람이었다.

대개 유력 정치인의 측근들은 자기 이익을 위해 리더를 이용하곤 하는데 김용, 정진상 이 두 사람에게는 그런 면모를 전혀 찾아볼 수 없었다. 언제나 리더를 잘 보필하는 일에만 힘썼으며 허세를 부리지도 않았고 교만하지도 않았다. 나는 이런 좋은 동지를 곁에 두는 이재명이라는 사람이 그래서 더 좋았던 것 같다.

이토록 선량한 사람들이 검찰의 조작 수사로 희생양이 되어야 한다는 것이 너무나 분통하다. 왜 정의는 수난의 길을 걸어야만 비로소 얻어지는 것인지 원망스럽다.

다음은 구치소에 있는 두 분을 접견하고 온 날 걱정하고 있는 지지자들을 위해 페이스북에 일기처럼 소감을 정리해두었던 내용이다.

• • •

수난의 길을 의연하게 걸어가는 사람들 – 접견 일기

2022년 11월 29일

서울구치소에 있는 김용 형을 접견하고 왔다. 맘이 너무 아프고 눈물이 나서 들어가기 전에 심호흡해야 했다. 형은 운동하고 나오는 길이라고 한다. 괜찮아 보여서 마음이 놓였다. "형님, 건강은 괜찮으세요?"라고 물으니 당당하게 웃으며 "그럼."이라고 답한다. 진짜 괜찮겠는가. 눈시울이 뜨거워졌다.

형은 검찰이 아직도 돈을 받은 증거를 제시하지 못하는 상황임을 알렸다. 남욱, 유동규의 입과 기레기 언론들이 합작해서 이재명 죽이기를 하고 있고, 그를 위해 김용과 정진상을 파렴치한 범죄자로 만드는 소설을 쓰는 중이란다.

검찰이 위례신도시 관련자들에게는 적용했던 부패방지법을 정작 수천억의 이익을 챙긴 이들에게 적용하지 않는 이유는 뻔해 보인다. 부정한 돈을 대가로 입 맞추기를 한 것이 아니겠는가.

형은 마지막에 수년 전부터 함께 해온 동지들이 이 일로 흩어질 것을 염려했다. 대한민국과 민주당이 다시 무능하고 부패한 기득권들의 세상으로 돌아갈까 봐 많은 걱정을 했다.

과거 김대중 대통령과 노무현 대통령을 지켜냈듯이 그렇게 동지들이 연대하고 똘똘 뭉쳐서 이재명 대표를 지켜달라고 부탁했다. 절대 속지 말고, 무너지지 말고, 반드시 하나 되어 이겨달라고 부탁했다.

2023년 1월 16일

서울구치소에 있는 김용, 정진상 두 분을 접견하고 왔다. 두 분 모두 얼굴이 밝고 건강해 보였다. 정말 의연한 분들이다.

두 분은 꿋꿋하게 버티며 무죄를 주장하고 있다. 확실한 증거도 없이 유동규 등의 진술에만 의존해 죄인으로 몰고 가고 있다는 것이다. 유동규, 남욱의 진술 중 상당 부분은 정영학 녹취록과 어긋나 검찰이 자기모순에 빠져 있는 듯하다. 심지어는 돈을 건넨 일시, 장소를 확인하는 CCTV 영상과 통신기록 등의 증거물도 없이 기소한 것도 많다. 이재명 대표와의 관련성도 당연히 찾아내지 못하고 있다.

2023년 2월 13일

오늘도 서울구치소에 가서 김용 형을 면회했다.

증거도 거의 없이, 검찰에 포획된 범죄자들의 진술만 있는 마녀사냥이 계속되고 있었다. 마치 윤미향 의원이 사실상 무죄에 가까운 1심 판결을 받고도 2년이 넘도록 범죄자 취급을 받았던 것처럼 말이다.

하지만 김용 형은 자신의 무죄를 확신하는지 어떤 걱정도 비치지 않았다. 오히려 나를 더 걱정해주는 것이다. 순천에서 정치활동을 시작한 나에게 이재명 대통령 후보의 공약이었던 남부 수도권 구상전략을 언급해주었다.

비수도권의 소멸위기를 막고 재도약하려면 호남과 영남 등 남부 지역을 묶어 제2 수도권으로 발전시키는 광역화 전략이 필요하다는 이야기였다.

2023년 4월 5일

김용 형을 접견하고 왔다. 여전히 굳건한 모습이었다.

이미 알려진 것처럼 검찰과 유동규의 조작 가능성이 재판정에서 드러나면서 재판에도 자신감을 갖고 있는 것 같았다. 보석신청도 해놓았단다.

그는 김건희 주가조작, 곽상도 50억 클럽 등 명명백백한 증거와 혐의가 넘치는 사건들은 다 놔두고 대선 후보이자 제1야당 대표를 겨냥하여 모욕주기식 수사를 하는 검찰 독재정권과 하수인들에 대해 분노했다. 모두 심판을 받을 것이라고 일침을 놓았다.

그리고 이재명 대표님이 홀로 외로울 테니 이럴 때일수록 똘똘 뭉쳐서 힘을 모아 달라고 부탁했다. 이 형은 언제나 남 걱정뿐이다.

정진상은 4월 21일, 김용은 5월 4일 보석 석방되었다. 진짜 싸움이 시작되었다. 거짓과 조작을 무기 삼은 검찰은 결코 진실과 겨루는 싸움에서 이길 수 없을 것이다.

卞 문수

손 편지가 영 어색하다

외부와 소통할 방법이 의속 제한적이라
별 도리가 없네 ㅠ
 이렇게 아날로그틱하게 손 편지 쓰는 것도
 이담에 추억이 되겠지

검찰 정권이 뭔가 잡을 구민다는, 그 타켓이
나같다는 야그는 지나치며 들었는데, 이렇게
무대뽀로 나올 줄은 상상도 못했네

 대선이 어떤 선거인데, 우리가 어떻게
 해왔는데, 정치자금 20억을 답사는
 야그가 상상이나 가능하겠는가

처음에는 황당하고, 분하고, 억울했는데
지금은 차분하게 싸워 이겨야겠다는
생각뿐이네.

다행히   변호사분들이   최선을 다해서
준비 중이고, 밖에서도 응원의 기운이
넘쳐서   당사자인   내가 중심을 잡고
냉정하게 대응을 준비하고 있네

노거는 세력들이 많을 거야.
흔들리지 않고 더 단단할 수 있도록
힘을 내 경산.
순천 한동도 힘든데 너무
부담을 주는 것 같아 미안하다

햇살처럼, 씨앗처럼, 나무처럼
이겨내겠다는 어느 지지자분의
글이 생각나네

허벅고, 같이 버고, 먼리 시간이 허락하면
그때 보자, 건강 챙기고
화이팅!!

2022. 11. 16
김 용

오염수, 너희들이나 먹어라

핵 폐기수 방류는 인류에 씻을 수 없는 죄를 짓는 것

　올 한해 나는 순천 내 24개 읍, 면, 동을 찾았다. 말하자면 내가 정한 '민생혁신 대장정'이다. 무더위가 기승을 부리는 날에도, 비가 억수로 쏟아지는 날에도 쉬지 않았다. 아니 쉴 수가 없었다. 하루가 멀다고 나라 안팎에서 공정과 상식이 무너지고, 민생이 도탄에 빠지고 있었기 때문이다. 그중 가장 중요하고 시급한 일은 바로 일본의 후쿠시마 핵 폐기수 무단 방류를 규탄하고 국민의 뜻을 모으는 서명운동을 진행하는 것이었다.

　지난 8월 24일 일본은 후쿠시마 원자력 발전소 방사능 오염수를 기어이 바다에 쏟아부었다. 이것은 최악의 환경범죄이다. 일본 정부는 인류의 현재와 미래에 씻을 수 없는 죄를 지었다. 과연 그것이 일본 스스로에게도 이익이 되는지 의문스럽지만, 어쨌거나 자국의 이익만을 위해 주변국과 지구 생태계에 막대한 위험을 초래하는 일을 자행한 것이다. 국제원자력기구(IAEA)를 등에 업고 검증되지 않은 안정성을 자신하며, 이런 비윤리적인 일을 저지르는 일본의 교활함에 치가 떨릴 뿐이다.

그런데 더 기가 막힌 것은 우리 정부의 태도이다. "오염수 방류를 찬성 또는 지지하는 것은 아니다", "IAEA의 검증 결과를 겸허히 받아들인다"와 같은 정말 기이한 입장이 우리 정부의 공식 반응이다. 갑자기 뒤통수를 맞는 기분이라고 해야 할까. '이게 우리나라 정부가 맞나?' 하고 잠시 어안이 벙벙했다.

그리고 정신을 차렸을 때는 경악을 금치 않을 수 없었다. 도대체 윤석열 대통령은 일본과의 정상회담에서 무엇을 합의해주고 온 것일까? 심지어 우리 정부가 먼저 나서서 일본을 옹호하기까지 한다. 명백한 오염수를 일본의 표현에 맞추어 '처리수'라고 칭하고, 그 안전성을 알리는 홍보영상까지 제작한 것이다. 국민은 "오염수!"라고 외치는데 정부는 "처리수!"라고 맞받아치고 있는 격이니 정말 기가 막혀 웃음도 안 나온다.

대통령의 태도에 맞춰 약속이나 한 듯이 국민의힘 국회의원들도 일본을 두둔하는 목소리를 내기 시작했다. 불과 1년 전까지만 해도 그들 역시 강력한 반대의 메시지를 내지 않았던가. 그런데 이제는 수산시장을 찾아 바닷물 먹기, 생선회 먹기 등 먹방 쇼까지 해가며 정부와 일본의 정책에 온갖 들러리를 서고 있다. 자신들이 과거 "절대 안 돼!"했던 말들이 영상으로 도는데도 아예 얼굴에 철판을 깐 모양이다.

도대체 어느 나라 정부인가?

모든 국민이 반대하고 야당과 시민단체, 환경단체들이 격렬하게 저항하기 시작하자 정부와 여당은 갑자기 태도를 바꾸어 괴담을 유포하는 세력이라고 몰아세우기 시작했다. 대통령이라는 사람은 오염수 검증 과정의 과학성을 믿지 못한다고 국민에게 '1+1=2도 모르는 바보들'이라고 막말을 했다. 도대체 코미디도 이런 코미디가 없다. 너무나 비현실적인 일이 지금 우리 눈앞에서 일어나고 있다.

오죽하면 BBC나 CNN 같은 외신들과 그린피스 등 국제환경단체조차 이런 한국 정부의 태도를 지적할까. 심지어 그린피스는 '후쿠시마 오염수 방류 발표는 일본 정부의 무책임과 한국 정부의 방조가 낳은 합작품'이라는 제목의 성명에서 '방사능 오염 물질 방류가 초국경적으로 끼칠 수 있는 잠재적 피해 위험을 간과하고, 국제법에 보장된 인접국의 권리를 행사하지 않은 한국 정부의 방조 행위를 엄중히 경고한다"며 "후쿠시마 오염수에 대한 한국 정부의 태도는 안전을 등한시한 원전 제일주의 사고를 그대로 보여준다"라고 비난했다. 정말 창피하다.

문득 지난 대선 후보 시절 한 인터뷰에서 후쿠시마 원전은 파괴되지 않았고 방사능도 유출되지 않았다고 우기던 윤석열 후보의 모습이 떠올랐다. 그때는 저런 무식한 인간이 있나 싶었는데 오늘날 이런 일을 겪고 보니 그는 무식한 게 아니라 철저하게 일본의 편에 서 있는 사람이었다는 확신이 든다.

우리 정부만 아무 문제 없으니 걱정하지 말라고 한다. 대조적으로 일본 어민들은 후쿠시마 지방재판소(지방법원)에 해양 방류 계획 인가를 취소해 달라는 소송을 제기한다고 하고, 중국은 일본 대사를 초치해 항의했고, 일본 수산물과 식품에 대한 수입 규제를 발표했다. 말레이시아도 일본산 수입 식품 검사를 강화한다고 한다. 그런데 한국 정부는 일본의 홍보대사 역할을 열심히 할 뿐이다.

・・・

암행어사 마패를 들고 나선 민생대장정

우리는 정부의 이런 반국가적인 행위를 그대로 지켜보고 있을 수 없다. 온 국민이 나서서 일본이 방류를 멈출 때까지 싸워야 한다. 그리고 방조함으로써 찬성한 윤석열 정권을 심판해야 한다. 민주당 이재명 대표는 후쿠시마 오염수 방류에 대한 반대를 천명할 것과 국제사법재판소에 제소할 것을 촉구하며 목숨을 내건 단식에 들어갔다. 그리고 나는 민생대장정으로 순천 시민들과 함께 그 싸움에 동참했다.

가는 곳마다 많은 주민이 나와 일본 후쿠시마 오염수 해양투기 반대 서명을 해주었다. 국민을 배신하고 미국과 일본에 굴종하며 경제를 파탄시킨 윤석열 정권에 대한 분노도 표출했다. "민주당 좀 잘해라!"라는 뼈 있는 말씀도 빼놓지 않았다. 이것이 민심이다.

가끔은 안타까운 일도 있었다. 유난히 현장 단속 태클이 심하게 들어올 때가 있다. 집회 신고도 하고 서명받기나 피켓 시위를 할 때 주변 상인들과 행인들에게 방해되지 않도록 계속 옮겨 다니며 하는데도 그랬다. 상가에서 신고가 들어왔다며 단속반이 계속 들이닥친다. 우리에게는 그 누구도 항의한 적이 없는데 말이다.

추정컨대 상인이나 행인이 신고한 게 아니고 정치 경쟁자 측에서 거짓 신고를 반복적으로 하는 것 같았다. 제발 그러지 말았으면 한다. '발목잡기' 경쟁 말고 '더 열심히 하기' 경쟁을 좀 했으면 좋겠다.

심지어 어떤 정치 선배님은 인사도 안 받고 고개를 돌린다. 또 다른 선배는 '피켓은 들면 안 된다, 명함도 주면 안 된다'하며 견제를 한다. 그의 지지자는 시시때때로 내 페북에 찾아와 악성 댓글을 단다. 이게 지금 서로 다툴 일인가.

후쿠시마 오염수는 국가 전체의 위기이며 국민 모두의 생존을 위협하는 심각한 문제이다. 이런 위기에 함께 힘을 합쳐도 모자랄 판에 경쟁자가 주장한다고 해서 애써 외면하고, 방해를 일삼는 것이 과연 정치한다는 사람의 태도인지 부끄럽고 한심스럽다. 이러니 정치가 구태의

연해지는 것이다.

상관없다. 누가 뭐래도 나의 민생대장정은 계속될 것이다. 오늘은 어디로 갈까? 암행어사 마패 들고 큰소리로 외친다. 오염수, 일본 너희들이나 처먹어라!

〈어른의 책무도 정치의 책무도 다하겠습니다.〉

얼마 전 경남 창원의 한 초등학교 선생님과 학생들이 보내준 편지를 받았습니다. 조금은 서툰 글씨에도 우리 바다에 대한 사랑이 듬뿍 담겨있음을 느낍니다. 오염수 투기에 맞서 우리의 바다와 밥상을 꼭 지켜내야겠다고 다시 한번 다짐합니다.

오염수 해양투기는 태평양 연안 국가는 물론 전 지구적인 해양생태계에 심각한 위협을 초래합니다. 12년 전 후쿠시마의 비극이 안전보다 비용을 우선시한 인류에 큰 경종을 울렸음에도 일본은 또다시 안전보다 비용을 앞세운 결정을 내렸습니다.

나아가 국민 안전과 우리 바다를 지켜야 할 한국 정부는 그 책임을 방기했습니다.

학생들이 걱정하는 것처럼 바다는 모든 생명을 품어주는 귀한 존재입니다. 바다가 살 수 없다면 바다에 의지해 사는 모든 생명도 위태로워질 것입니다. 그만큼 후쿠시마 오염수 해양투기는 오늘을 살아가는 우리는 물론, 미래세대의 생명과 안전이 걸려있는 일입니다.

"어른들의 이권 싸움이나 정치적 수단이 아니라 미래 아이들이 살아갈 환경을 생각하는 정책을 펼쳐 달라"는 선생님의 말씀을 마음 깊이 새기겠습니다. 국민의 우려를 괴담 취급하는 일부 정치인들도 꼭 새겨들어야 할 말이라고 생각합니다.

미래세대에 더 나은 환경을 물려줘야 할 어른의 책무도, 국민 안전과 생명을 지켜야 할 정치의 책무도 다하겠습니다. 귀한 편지 보내주셔서 고맙습니다.

-더불어민주당 이재명 대표 페이스북 중에서

혁신도 없고 감동도 없다

민주당의 개혁과 혁신의 의지를 보여주어야 한다

 많은 국민과 민주당 당원들은 민주당의 개혁과 혁신의 의지가 내년 총선에서 보이기를 바라고 있다. 즉 기존의 안일한 정치 행보를 벗어날 수 있는 새로운 인물, 능력 있는 인물, 행동하는 인물이 대거 국회에 진출하여 힘 있는 야당으로 시대정신을 구현해야 한다는 뜻이다.
 그렇게 되기 위해서는 각 지역에 어떻게 후보자를 선출할 것인가가 굉장히 중요하다. 기존의 선출 방식으로는 새로운 인물이 진출하기 어렵다. 철저하게 현역 의원들에게 유리한 방식이기 때문이다. 그래서 그간 후보자 선출에 관한 규정을 개정해야 한다는 요구들이 많았다. 이에 당 지도부는 〈22대 국회의원 선거 후보자 선출 규정〉에 관한 개정안을 내놓았다.

하지만 막상 뚜껑을 열어보니 이 개정안은 변화를 열망하는 당원과 국민의 바람과는 달리 기존 제도에서 크게 달라진 것이 없었다. 전면적인 쇄신도 없고 현역 의원들의 기득권을 보장하는 퇴행적인 조항들로 가득 차 있는 개정안이다. 지금 민주당의 권력을 쥐고 있는 이들이 어려움에 직면해 있는 당의 상황을 악용해 자기 기득권을 지키려는 꼼수로밖에 보이지 않는다. 결국 '그 나물에 그 밥'으로 선거를 치르겠다는 것이다.

이에 나를 포함한 청년·신인 정치인들이 뜻을 모아 '현역 의원 기득권 지키기를 위한 특별당규 개정 중단'을 촉구하는 기자회견을 열었다. 하지만 이 개정안은 5월 3일 당원 투표에서 가결되고 말았다. 홍보 부족과 함께 찬성을 유도하는 듯한 홍보 문구가 원인으로 꼽히고 있다. 투표 공지도 사전에 잘 이루어지지 않았고, 특별당규를 알기 쉽게 설명한 정보도 찾아보기 힘들어 그야말로 '깜깜이 투표'가 되어버렸다. 막연하게 '당에서 좋은 일 한다는 데 찬성해야겠네'라는 생각을 가지게 만드는 홍보 문구도 문제였다고 한다. 치열한 논쟁을 통해 공정한 공천 규정을 만들어야 함에도 이런 식의 행정으로 당원들이 원하지 않는 안이 가결된 것이 안타까울 따름이다.

다음은 기자회견 전문이다.

· · ·

진정한 개혁공천을 위해서

〈혁신도 없고 감동도 없는 '국회의원 선거 특별당규 개정안' 반대합니다!〉

민주당은 현역 의원 기득권을 위한 특별당규 개정 절차를 중단하고, 진정한 개혁공천을 위해 특별당규(안)를 다시 만들어야 한다.

2024 총선에서 우리 민주당은 '민주당이 과연 저렇게까지 할 수 있을까?'라고 국민이 느낄 정도로 뼈를 깎는 개혁과 과감한 혁신을 통해 국민의 마음을 사야 한다. 그 기준이 바로 공천이다. 공천이 곧 대국민 메시지이자 승리 전략이다.

그런데 지금 민주당이 내년 총선 공천과 관련해 추진하고 있는 특별당규 개정안은 변화를 열망하는 당원들과 국민의 바람이 전혀 반영되지 않았다. 기존 제도의 골간을 그대로 '복붙'한 것에 불과하다.

최근 당무위원회를 통과하여 5월 3일과 4일, 당원 투표를 앞두고 있는 특별당규 개정안은 당이 국민과 당원들에게 약속한 전면적인 쇄신은 고사하고, 현역 의원들의 기득권을 보장하는 퇴행적인 조항들로 가득 차 있다. 현역 의원들이 당이 직면한 어려운 상황을 이용하여 자신들의 기득권을 지키려 한다는 의심을 거둘 수 없다.

이번 특별당규 개정안은 개혁을 요구하는 당원들과 국민의 뜻을 거스

르고 현역의, 현역에 의한, 현역을 위한 '기득권 지키기' 특별당규에 다름 아니다.

특별당규(안) 중 개혁공천을 가로막는 요소들은 다음과 같다.

1. 현실성이 없는 청년정치인 단수추천 제도
개정안에 의하면 정치신인인 청년후보자가 다른 후보자와의 격차가 심사 총점 기준 30점 이상이거나 여론조사(공천적합도 조사) 결과 기준 100분의 10 이상일 때 단수 추천할 수 있도록 규정하고 있다. 그러나 현실적으로 정치신인인 청년정치인이 여론조사에서 현역 의원을 10% 이상 앞서기는 매우 어렵다. 이러한 현실을 누구보다도 잘 아는 현역 국회의원들이 마치 이 제도가 청년을 위한 제도인 양 호도하고 있다.

2. 공천적합도 조사(여론조사 방식)에서 20% 이상 격차 시 단수추천 허용
공천적합도 조사(여론조사 방식)에서 청년, 여성, 정치신인 가산점을 부여하지 않고, 20% 격차 시 단수추천을 할 수 있도록 한 것은 인지도 높은 현역 의원의 단수추천 가능성만을 공고히 하는 것이다.

3. 현역 의원 평가 결과 미공개
경선후보자의 경선 불복, 탈당, 징계 전력 등은 권리당원 선거인단에게 열람이 허용되는 반면, 현역 의원에 대한 평가 결과는 공개되지 않는다. 이는 당원의 알 권리에 대한 중대한 침해이다. 후보자의 탈당이나 징계 전력 못지않게 현역 의원에 대한 평가도 당원들의 중요한 판단 근거이므로 투명하게 공개되어야 한다.

4. 2023년 3월 31일 현역 의원과 지역위원장에게만 제공된 당원 명부
당원 명부를 현역 국회의원과 지역위원장에게만 제공하는 것은 형평성에 어긋난다. 개인정보의 엄격한 관리는 필요하지만, 당의 이름을 걸고 총선을 위해 뛰는 도전자들과 현역 의원의 공정한 경쟁도 중요하다. 시도당에서는 당원 대상 문자메시지 발송 등 당 차원의 경선 후보자 홍보 시스템을 구축해야 한다.

5. 열린민주당과의 합당 조건인 '동일 선거구 3선 이상 출마 금지' 불이행
2022년 1월 더불어민주당과 열린민주당의 합당 당시에 '동일 선거구 3선 이상 출마 금지'가 핵심적인 합의사항이었다. 현재 제출되어 있는 특별당규(안)에는 이 합의를 이행하겠다는 방침이 빠져 있다. 무책임한 합의 위반이다. 이미 청년정치인도 요구한 바 있다.

6. 기존 제도와 전혀 다를 바 없는 개정안
이번 특별당규 개정안은 혁신의 가치도, 개혁의 정신도 찾아볼 수 없는 기존 제도의 복사판에 불과하다. 무난한 개정은 무난한 패배를 가져올 뿐이다.

이에 우리는 다음과 같이 주장한다.

1. 청년과 여성, 정치신인의 경선 참여 기회 확대를 위해 공천적합도 여론조사에도 가산점을 적용해야 한다.

2. 현역 의원 평가 결과를 경선 전에 공개함으로써 해당 지역당원들과

국민의 알 권리를 보장해야 한다.

3. 국민여론조사를 통한 현역 의원 교체지수를 공천심사에 반영함으로써 해당 지역구민의 의견을 존중해야 한다.

4. 120만 권리당원이 실질적으로 경선후보자의 평가에 참여할 수 있는 방안을 마련하여 당원이 주인인 민주당의 전통과 정체성을 구현해야 한다.

5. 정치신인들이 현역 의원들과 공정하게 경쟁할 수 있도록 각 시도당이 홍보를 주관하는 '경선 홍보 공영제'를 도입해야 한다.

6. 향후 공천제도와 정치 혁신에 대한 당내 논의에 정치신인의 참여를 보장함으로써 현역 기득권을 타파하고 정치개혁의 생명력을 불어넣어야 한다.

위의 요구사항들이 반영되지 않고, 5월 3일과 4일로 예정된 당원 투표가 강행될 경우, 당의 쇄신과 개혁에 대한 의지를 의심하지 않을 수 없다. 윤석열 정권의 오만과 폭정을 막아내고 민주주의를 지키려는 당원과 국민의 뜻에 부응하는 공정하고 합리적인 특별당규 제정을 강력히 촉구한다.

2023. 4. 27(목)

민주당의 총선승리와 정당개혁·정치개혁을 바라는 민주당 청년정치신인과 출마예정자

권향엽, 김문수, 김비오, 김준혁, 김태선, 나원주, 문대림, 박노원, 박성오, 박영기, 박한울, 부승찬, 서재헌, 송재봉, 여준성, 유행열, 이기헌, 이신남, 이재강, 임혜자, 장환석, 전병덕, 전진숙, 정재혁, 정춘생, 조상호, 조일출, 채현일, 최용선, 최치현, 황현선

검사 탄핵안, 찬성 서명하셨습니까

헌정 사상, 첫 검사 탄핵소추안이 통과되다

더불어민주당이 불법을 저지른 검사에 대한 탄핵소추안(김용민 의원 대표 발의)을 발의했다. 그리고 지난 9월 21일 국회는 헌정사상 처음으로 현직 검사에 대한 탄핵소추안을 민주당 주도로 가결했다.

이번에 탄핵소추의 대상이 된 안동완 검사의 탄핵 사유는 '서울시 공무원 간첩 조작' 사건 피해자인 유우성 씨를 외국환거래법 위반 혐의로 보복 기소했다는 것이다. 탄핵안이 본회의를 통과함에 따라, 안 검사는 헌법재판소의 탄핵 심판 결과가 나오기 전까지 권한이 정지된다. 그리고 탄핵이 결정되면 헌법재판소법에 따라 5년 동안 공무원이 될 수 없고, 변호사법에 따라 5년 동안 변호사가 될 수 없다.

헌정 사상 처음으로 이루어진 이 검사탄핵을 지켜보며 여기까지 온 것이 기쁘면서도 마음이 그리 편치는 않다. 우리가 그동안 겪은 검사들의 잘못은 셀 수 없이 많건만, 그 잘못을 처벌하는 것은 왜 이렇게 어려운가.

대한민국 검사들은 마음만 먹으면 누구라도 잡아넣을 수 있는 무소불위의 권력을 가진 자들이었다. '사람에 충성하지 않는다'라고 말한 전 윤석열 검찰총장의 자신만만함은 충분히 그럴 만했다. 전직 대통령도, 재벌총수도, 국회의원도, 인기 연예인도, 세상의 그 누구도 그들의 기소권 앞에서는 자유로울 수 없었다.

기소권이라는 막강한 무기를 그렇다면 정의롭게 휘두르는가? 오죽하면 무검유죄 유검무죄라는 말이 생겨났겠는가. 그동안 검사들이 저질러온 기소권 남용은 폭력 그 자체였다. 온갖 조작과 날조로 없는 죄를 만들어내는 놀라운 신공을 뽐내는 것이 대한민국 검찰이다.

과거 군사독재 시대에는 반공 이데올로기를 내세워 독재자의 눈엣가시가 되는 민주세력들을 간첩으로 둔갑시켰다. 지금은 어떤가. 야당 대표에 대해 400번 가까운 압수수색을 하고 언론과 유착해 피의사실을 공표하는 일을 서슴지 않고 저지르고 있다. 검찰 개혁을 추진하려는 조국 전 법무부 장관에 대해서는 표적 수사를 통해 한 가정을 도륙 내는 잔인함을 보였다. 노무현 대통령은 어떻게 돌아가셨는가. 그것 또한 검찰의 조작 수사 때문이었다.

· · ·

잘못 주어진 망나니의 칼

　반면 대한민국에서 유일하게 처벌받지 않는 이들이 있으니 그들이 바로 검사이다. 죄를 지어도, 고발을 당해도, 경찰이 수사해도 재판에 기소할 권한을 갖는 것은 검사뿐이기 때문이다. 검찰은 서로 제 식구 감싸기를 하며 자신들의 권력을 최대한 보호한다.
　급기야 그 검찰의 우두머리가 이제 대통령이 되었으니 오죽할까. 모든 공직은 검찰 출신들로 채워졌고 국민의 머슴이 되어야 할 이들이 국민을 향해 겁박하고 언제라도 잡아들일 듯 감시하고 있다. 조금이라도 반대의 소리를 내면 언론사도 압수 수색하고, 일반인도 죄 없이 구속영장을 받는 시대가 되었다. 이것이 검찰 공화국의 끔찍한 현실이다. 국민의 잘못된 선택으로 결코 열려서는 안 되는 지옥문이 열려버린 것이다.
　도대체 누가 그들에게 그런 권력을 허락했는가. 분노한 국민이 그들의 독주를 막기 위해 검찰 개혁을 요구하고 있지만, 끝까지 법 기술을 이용해 피하려고 하는 게 바로 검찰 개혁이다. 검찰에게 잘못 주어진 망나니 같은 칼을 도대체 어떻게 거둘 것인가.

　이번 탄핵소추안 국회 통과를 보며 우리는 검사의 권력을 견제할 '탄핵'이라는 제도가 있다는 것을 알게 되었다. 비록 먼 길이고 어려운 길이지만 말이다. 그런데 지난 70년간 검찰의 잘못이 셀 수 없이 많았는데도 왜 단 한 번도 이런 탄핵이 시도되지 않았을까. 이번 탄핵안이 발의되는 과정을 보며 나는 그 이유를 알 것 같았다.
　민주당이 검사 탄핵안을 당론으로 채택하고 발의하기 위해서는 국회의원 100명의 동의가 있어야 했다. 그런데 얼마 전까지도 100명이 다 채워지지 않아 발의를 못 하는 상황을 보며 나는 어이가 없었다.

반대 세력에 대해서는 먼지털기식 수사를 마구 하면서도, 대통령의 가족과 측근들에 대해서는 명백한 불법이 있어도 수사조차 하지 않는 검찰인데 도대체 누가 단죄를 주저한다는 말인가. 자기 당의 대표를 조작 수사로 잡아들이려 하고 심지어는 당의 운명까지 뒤흔들고 있는데 누가 가만히 있는단 말인가. 나는 민주당 의원 전원이 일사불란하게 서명하지 않는 게 정말 기가 막히고 놀라웠다. 겨우 101명의 동의 서명뿐이었다.

그들이 나라를 살릴 수 없는 이유

나는 아무리 생각해도 모르겠다. 국회의원들이 모두 검사 출신이었던가. 아니면 검찰에 뭔가 꼬투리가 잡혀 있어 꼼짝달싹하지 못하는 것인가. 아니면 윤석열 정권과 검찰이 두려워하는 이재명을 그들도 두려워하는 것인가. 아니면 지금의 검사독재 정권을 환영하는 것인가. 영구 집권을 돕는 것인가. 무늬만 민주당이고 야당이었던가. 정말 오만 생각이 다 든다.

그러나 한 가지는 확실하다. 검사 탄핵안에 서명하지 않는 의원들은 정치를 바꿀 생각이 없는 사람들이다. 지금 이대로가 편한 사람들이다. 그래서 자꾸 뭔가를 바꾸자 하는 당 대표를, 정치개혁의 적임자임이 틀림없는 당 대표를 적들에게 제물 바치듯 내어주려고 하는 것이다.

그러나 그들의 바람은 이루어지지 않을 것 같다. 왜냐하면, 검사 권력이 아무리 막강하다고 해도 그들은 나라를 살릴 수 없기 때문이다. 온갖 범죄에는 해박한 지식과 현란한 기술이 있을지는 몰라도 그들은 국민을 이끌어본 적이 단 한 번도 없기 때문이다. 국민을 화합시키고 민생을 살리고 국가의 미래를 위해 고민해본 경험이 단 한 번도 없기 때문이다. 정치에서 그들은 철저히 미숙아이다. '이것이 나라냐'고 외치는 국민의 분노가 들리지 않는가. 국민으로부터 신뢰를 얻지 못하는 권력은 결국은 오래가지 못할 것이다.

그러니 미래의 정치인으로서 나는 선배 의원들에게 끝까지 물을 것이다. "검사 탄핵안, 찬성 서명하셨습니까?" 그리고 나는 끝까지 요구할 것이다. "검사 탄핵안에 찬성하지 않은 선배님, 그 자리에서 당장 내려 오십시오."

내가 증인이다

하나고 교사 공익제보를 하다

하나고 전경원 선생님을 만난 것은 박근혜 정부 때였다. 당시 나는 서울시의회에서 교육위원장을 맡고 있었는데 하나고에 대한 입시 비리와 고위공직자 자녀의 학폭 은폐 문제를 공익제보하고 싶다고 전경원 선생님이 연락을 해왔다. 하나고는 당시 자율형 사립학교 전환 과정에서 특혜의혹도 있었던 상황이라 그렇지 않아도 주목하고 있었던 터였다.

그런데 막상 들어보니 제보의 대상인 학부모가 다름 아닌 이명박 정부에서 청와대 실세였던 이동관이었다. 공익제보를 하면 전경원 선생님이 어려움을 당할 것 같아 괜찮겠냐고 물었더니 그는 이렇게 잘못되고 썩은 교육현장에서 더는 아이들을 보기가 부끄럽다고, 그래서 결심을 굳혔다고 했다. 나는 선생님의 용기에 놀랐고, 교사로서의 바른 양심을 꼭 지켜주고 싶었다.

나는 서울시의회에 '하나고등학교 특혜의혹 진상규명 특별위원회'를 구성하고 제보 내용을 폭로하자고 제안했다. 조사 결과, 여학생 합격자가 너무 많다는 이유로 합격선에 있던 여학생들의 보정점수를 낮게 하여 불합격시키고 남학생들의 보정점수를 높게 하여 합격시켰다는 것이 밝혀졌다. 엄청난 입시 비리였다.

또 이동관이라는 고위공직자의 아들이 학교폭력을 저질렀는데 학폭위도 열지 않고 무마했다는 것이다. 피해 학생들의 진술서 내용도 공개되었는데 아버지의 권력을 등에 업고 저지른 정말 끔찍한 폭력이었다.

교육청 감사로 이러한 사실을 확인했고 9명을 검찰에 고발했으나 검사들은 모두 무혐의 처분을 했다. 검사들이 얼마나 부패한 세력인지 그때 절실히 느꼈다.

오히려 하나고 재단은 공익제보자 전경원 선생님을 명예훼손, 성실복종 의무위반 등으로 중징계 처분했다. 너무 허망했다. 우리는 즉각 중징계 탄압 중단 기자회견을 열었지만, 전경원 선생님의 삶은 이미 상처투성이가 되고 말았다.

・・・

이동관 방송통신위원장의 아들 학폭 은폐 의혹

이렇게 상처와 울분을 남기고 끝나는 듯했다. 하지만 결국 불의는 감추어지지 않는다. 어둠은 빛을 이길 수 없다. 윤석열 정권이 이동관을 방송통신위원장에 임명하려 하면서 이 사건은 최근 다시 수면 위로 올라왔다. 과거 언론탄압 정책에 앞장섰던 이동관을 야당과 국민이 그대로 두고 볼 리 없다. 게다가 청문회 과정에서 결국 아들의 학폭 문제를 은폐시킨 일까지 폭로되고 말았다.

어차피 국민의 반대는 안중에도 없는 윤석열 대통령은 이동관을 제 뜻대로 자리에 앉혔지만, 모든 국민은 이 정부의 인사정책이 얼마나 반국가적이고 반민주적인지를 똑바로 알게 되었고, 이동관이라는 공직자가 얼마나 비도덕적인 사람인지 똑바로 알게 되었다.

이동관은 반드시 그 자리에서 내려와야 하고 반드시 법의 처벌을 받아야 한다. 그리고 이러한 독재적 인사정책을 서슴지 않는 오만한 윤석열 정부는 머지않아 국민의 심판을 받고 몰락할 것이라고 확신한다.

국회 소통관 기자회견문

폭력은 어느 누구라도 정당화될 수 없다.
폭력은 인간의 존엄성을 짓밟는 가장 나쁜 짓이다. 학교폭력이 생활기록부에 기재된다면 원하는 상급학교를 진학하지 못한다. 그런데 힘 있는 자의 자녀의 생활기록부에는 학교폭력이 기재되지 않았고, 소위 명문대에 진학해 승승장구하고 있다.

이동관 아들의 학교폭력은 다음과 같이 충분히 증명되었다.

첫째 서울특별시의회 하나고 행정조사특별위원회에서의 증언이다.

2015년 8월 26일과 27일 2일 동안 서울시의회에서는 하나고 특혜의혹 진상규명을 위한 행정조사특별위원회가 열렸고, 김승유 학교법인 하나학원 이사장, 이태준 하나고 교장, 정철화 하나고 교감, 서울시교육청 관계 공무원 등이 출석한 가운데 하나고 전경원 교사가 다음과 같이 공개적으로 증언을 하였다.

이동관 전 청와대 대변인 아들의 학교폭력이 있었고, 피해 학생들의 진술서를 선생님들이 가지고 있으며, 진술서를 받은 선생님 2명이 교무회의에서 학교폭력대책자치위원회를 개최하여 줄 것을 요청하였으나 학폭위 개최가 이루어지지 않았고, 이동관의 부인이 학교에 찾아와서 학폭위 개최를 요청한 선생님 2명의 이름을 적어달라고 했다고 전해 들었으며, 나중에는 이동관의 아들이 강남의 다른 고등학교로 전학하였다고 증언했다.

전경원 교사의 이러한 증언에 대해 아무도 위증죄로 고발하지 않았다.

둘째 서울특별시 교육청 특별감사 결과이다.

서울시의회 행정조사특별위원회는 학교법인 하나학원 이사장 등과 하나고 관계자 등에 대해 서울시교육청에 특별감사를 요청했고, 서울시교육청이 2015년 9월 14일부터 10월 7일까지 특별감사를 한 결과 이동관 아들 관련 학교폭력대책자치위원회 미개최 건으로 1명을 검찰 고발 한다. 입시 비리 등 다른 사건을 포함하여 총 7건 21명을 검찰에 고발 및 수사 의뢰한다.

셋째 피해자 학생들의 진술서이다.

피해자 B군의 진술서에는 나보고 C(피해자)를 때리라고 해서 약하게 때리거나 때리지 않으면 A(이동관 아들)가 나를 때렸다.

피해자 D군의 진술서에도 친구(E)가 A(이동관 아들)를 피해 다니자 왜 피해 다니냐며 친구(E)의 머리를 책상에 300번 부딪히게 했다.
설령 피해자 4명 중 1명이 그 이후 화해를 했다고 하더라도 3명의 피해자가 있으며, 피해자들의 당시 학교폭력에 대한 피해 진술서가 훨씬 신빙성이 높다.

넷째 전경원 교사의 복직 결정이다.

2017년 2월 23일 교육부 소청심사위원회에서 2015년 10월 31일 김승유 이사장 등이 전경원 교사를 중징계 해임했던 건에 대해 해임 취소 결정을 내린다. 부당한 보복 징계라고 판단한 것이다. 결국 전경원 교사의 공익제보 정당성을 확인했다고 볼 수 있다.

다섯째 최근에 확인된 전경원 교사의 증언이다.

최근에 전경원 교사의 언론인터뷰에 따르면 자신이 당직을 섰던 2015년 8월 1일 토요일, 이사장실에서 김승유 이사장이 "이동관으로부터 전화가 왔는데 전학을 학기 끝날 때까지만 좀 기다려달라 그렇게 요청했고, 뭐 처벌이 꼭 능사냐"고 해서 김 이사장이 교장에게도 얘기했다는 것입니다.

이 정도의 증거 말고 무엇을 얼마나 더 증명하라는 말인가?

증언 당시 전경원 교사는 한국교총 소속이었으며 하나고 교가를 작사했고 EBS 출연 등 소위 잘나가는 교사였다. 하지만 더는 양심의 가책으로 학생들 앞에 서기 부끄럽고 더 이상의 학교 내의 비리가 멈추기를 바라며 증언대에 선다고 했다. 이 일로 전경원 교사는 명예훼손, 복종의무위반이라는 말도 안 되는 이유로 2016년 10월 31일 하나학원으로부터 해임된다.

이동관은 가짜뉴스 운운하지 말고 아들과 함께 즉각 사죄하라!!!
이동관은 방통위원장 자격 없다. 즉시 포기하라!!!
이런 학교폭력이 별문제 없다니 윤석열 정부는 인권 감수성 없는 검찰 독재정권임을 자인하는 것인가?

또한, 이 사건의 진실을 덮은 자들 누구인가? 진실을 밝히기 위해 다음 3가지에 대해 수사를 촉구한다.

첫째 이동관 아들 관련 학교폭력대책자치위원회 개최를 못 하게 한 자 누구인가? 반드시 밝혀야 한다.

당시 학폭위를 미개최한 혐의로 하나고 학폭위원장인 정철화 당시 교감은 고발되었으나 검찰에서 무혐의 불기소 처리된다. 교감에 대한 재수사를 촉구한다. 학폭위 무마 과정에 이동관, 이동관의 배우자, 김승유 이사장, 정철화 교감, 조계성 피해 학생 담임(현 교장) 등이 관여했을 가능성이 있으므로 이들에 대한 철저한 수사를 촉구한다.

둘째 당시 서울시교육청 특별감사 결과 무혐의 불기소 처분한 입시 비리 등 6건의 검찰 고발 수사 건에 대해서도 반드시 재수사해야 한다.

셋째 입시 비리, 학폭위 미개최 등 7건을 처음 배당받은 손준성 검사와 무혐의 처리한 김도균 검사, 검찰총장 출신 김각영 하나고 이사장에 대한 부정청탁 및 봐주기 수사가 매우 의심되므로 이들 3인을 수사해야 한다.

2016년 11월 1일 검찰총장을 지냈던 김각영 하나학원 이사장의 취임과 하나고 학폭위 미개최, 입시 비리 등 7건 21명의 고발 수사 건이 2016년 11월 서울서부지검에서 모두 무혐의 처리된 일은 우연이 아닐 수 있다. 따라서 이들 3명에 대한 부정청탁 및 봐주기 수사의혹에 대한 수사를 촉구한다.

이 사건의 공소시효는 2025년 10월 31일이며, 진실이 밝혀질 때까지 끝까지 투쟁할 것이다.
진실은 밝혀지기 마련이다. 어둠은 빛을 이길 수 없기 때문이다. 2015년 자신의 기득권과 안정된 삶을 포기하고 용기를 내 증언했던 양심적인 교사의 진실한 증언을 우리 전 서울시의원들은 여전히 믿고 있다.

아들 학폭 무마 의혹 이동관은 방통위원장 자격 없다.
윤석열 대통령은 임명을 포기하라!!!
이동관 아들 학교폭력, 우리(전 서울시의원)가 증인이다.!!!
하나고 학폭 입시 비리 전면 재수사하라!!!

2023년 6월 13일

김문수 전 서울시의회 교육위원장, 이정훈 전 하나고 특위위원장, 장인홍 전 하나고 특위위원, 서윤기 전 하나고 특위위원, 한명희 전 하나고 특위위원 (정식명칭: 서울특별시의회 하나고등학교 특혜의혹 진상규명을 위한 행정사무조사 특별위원회)

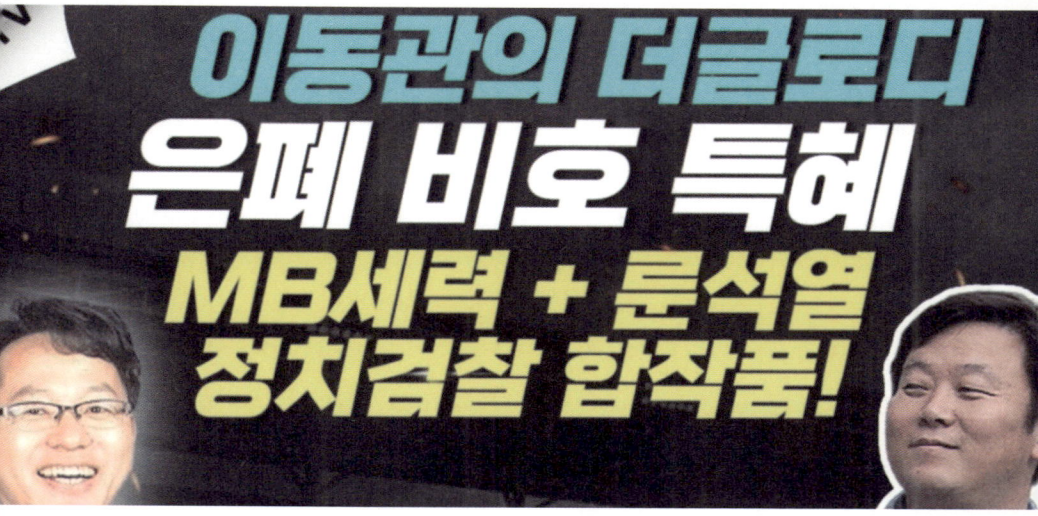

전입신고를 하다

고향으로 돌아왔다

꼭 1년 전이었던 지난해 10월 7일 나는 내가 태어난 고향 순천으로 돌아와 어머니가 계신 곳에 전입신고를 했다. 서울로 떠난 지 35년 만의 귀향이었다.

전입신고를 마치고 마을 어르신, 친척, 선후배, 친구들을 만나 뵙고 인사드렸다. 고향의 숨결이 참 맑고 좋았지만, 인구 소멸로 생동감이 사라진 마을의 모습이 안타까웠다. 이 아름다운 고향에 사람들이 떠나지 않고 계속 살 방법은 없을까? 고향에 돌아온 반가운 마음이 이내 무거워진다. 이 무게를 짊어지고 열심히 뛰는 것, 그것이 바로 새로운 희망일 것이다.

"자네, 돈 좀 있는가?"

내가 순천에서 정치하겠다고 했을 때 가장 많이 받았던 질문이다. 사업가나 받아야 할 질문을 정치가가 받는 것에 허탈한 웃음이 나왔다. 물론 돈을 뿌려가며 정치하는 사람도 있었을 것이다. 하지만 돈을 뿌리는 사람은 실상 사람보다 돈을 더 중요하게 여긴다. 나는 돈이 많지 않다. 그래도 돈보다는 사람을 귀하게 여기는 정치를 끝까지 할 것이기에 별로 걱정되지 않는다.

왜 하필 순천에서 정치 활동을 하려 하냐고 주변에서 묻는다. 그도 그럴 것이 나는 서울시의원 재선 출신이다. 대부분의 활동을 서울에서 했기에, 정치적 기반과 인프라가 구축된 서울에서 계속 정치 경력을 쌓아가는 게 성공확률이 훨씬 높다. 그런데도 내가 순천에서 정치하려는 이유는 서울과 수도권에 대부분이 집중된 불균형한 정치 지형이 이제 바뀌어야 하고, 지방이 대한민국의 정치에 자기 몫의 목소리를 내고 역할을 할 수 있어야 한다고 생각하기 때문이다. 그것이 우리나라 민주주의에 대한 나의 신념이다. 그럴 때 비로소 내 고향 순천도 정치적으로, 경제적으로, 사회문화적으로 고유한 지역색을 유지하며 우뚝 설 수 있을 거라고 믿는다.

순천시
송광면 행정복지센터
Songgwangmyeon Community Service Center

호남 정치의 가치를 되살리려면

이런 나의 도전은 민주당의 호남 정치가 변해야 한다는 호남인들의 염원과도 맞닿아 있다. 호남은 오랫동안 민주당의 근거지이며 민주개혁 세력의 중심이라는 자부심을 가지고 있었다. 동학농민혁명과 5·18 민주화운동의 역사가 말해주듯 불의한 권력에 맞서 시대를 밝혀온 개혁 의지가 호남 정치의 핵심이다. 어려움 속에서도 독재에 저항할 인물들을 키웠고, 선거 때마다 특유의 응집력으로 명분 있는 전략적 선택을 해 한국 정치를 선도해온 것이 호남 정치다.

그런데 지금은 어떠한가? 지난 지방선거에서 전국 최하위라는 충격적인 투표율이 보여주듯이 지금 호남의 민심은 그 어느 때보다 민주당에 실망하고 있다. 바로 그들의 자부심이었던 호남 정치가 실종되었기 때문이다.

호남의 유권자들이 손수 투표해 국회의원을 국회로 보낼 때는 호남 정치의 가치를 지키라는 것이다. 언제나 그랬던 것처럼 권력의 폭주에 맞서 싸우고 불의에 맞서 싸우며 민주주의를 지켜내라는 것이다. 지역 균형발전이니, 지역 활성화니 하는 어쭙잖은 명목을 내세워 제 동네의 이권을 만들어 왔다고 할 일 다 한 사람처럼 굴지 말라는 것이다. 대한민국의 정치가 근본적으로 무너지고 있는데 무슨 수로 지방 사람들이 잘살겠는가.

언제부터인가 호남 정치인들은 호남 지역에서 표만 얻어갈 뿐 어떠한 역할도 하지 못하고 있다. 분노의 현장에 그들이 보이지 않는다. 윤석열 정권의 무도한 폭주에 분노한 사람들이 거리로 뛰쳐나올 때 그들은 왜 가장 늦는가. 후쿠시마 오염수 방류에 대해, 야당 탄압에 대해, 언론탄압에 대해, 검사 탄핵안에 대해, 권력형 비리에 대해 왜 싸우지 않는가. 이태원 참사, 오송 참사에 왜 나서지 않는가. 왜 자신들의 권한을 쓰지 않는가. 그것이 자기 지역의 일이 아니기 때문이란 말인가. 그래서 외면받는 것이다.

민주당 내에서는 '호남은 수도권 지역구와 비교하면 손쉽다'라는 생각이 당연히 있을 것이다. 상대 당과 치열하게 경쟁해야 하는 서울이나 수도권에 비하면 정말 호남은 깃발만 꽂으면 당선되는 곳이다. 그것은 지금의 민주당에 대한 지지라기보다는 개혁세력에 대한 지지라고 봐야 할 것이다.

물론 그래서 후보 경선 과정이 치열하긴 하다. 하지만 상대적으로 선거 과정에서 손쉽게 당선되지 않는가. 다른 선거구보다 쉬운 싸움을 했다면 적어도 당선 후에 더 치열하게 일해야 한다. 그것이 호남에 대한 도리이다.

많은 호남 유권자들은 1당 독점 체제에 대한 불만을 느끼고 있다. 경쟁이 이루어지지 않기 때문에 정당에 대한 견제가 제대로 이뤄지지 못하고 있다고 생각하는 것이다. 그렇다 보니 최근에는 선거에 대한 동기 부여가 약해지고 있는 것도 사실이다. 무엇보다도 심각한 것은 그렇게 자리를 얻은 국회의원들이 민심을 읽으려고 별로 노력하지 않는다는 점이다. 표밭만 잘 관리하면 마땅한 대안이 나오지 않는 한 또 당선될 수 있기 때문이다. 저항정신과 투쟁 의지는 사라지고 안일한 구태정치가 되는 것은 바로 이래서이다.

• • •

호남 유권자들의 명령을 수행할 일꾼

　나는 이 문제를 근본적으로 해결하기 위해서는 지금의 소선거구제에서 중대선거구제로의 제도적 개편이 필요하다고 본다. 하지만 그것은 미래의 문제이고, 지금의 현실 속에서는 호남 정치를 다시 복원시킬 수 있는 행동력 있고 개혁 의지를 가진 인물을 선출하는 것이 해법이다.

　순천에 전입신고를 한 후 지난 1년 동안 나는 암행어사 마패를 들고 순천 시내뿐만 아니라 전국 방방곡곡을 뛰어다녔다. 윤석열 정권의 검찰 독재를 고발하고, 후쿠시마 오염수 방류 저지 시위를 했으며, 부당한 야당 대표 탄압에 적극적으로 맞섰다. 목이 터지도록 외쳤고, 다리가 통통 붓도록 사람들을 만나러 다녔다.

　독재의 시대에는 독재를 막기 위해 싸워야 한다. 민생이 무너진 시대에는 민생을 살리기 위해 뛰어야 한다. 국가가 외세로부터 공격을 받을 때는 제일 먼저 나아가 나라를 구해야 한다. 이것이 국민이 원하는 정치, 호남이 원하는 정치이다. 호남은 대한민국과 별개가 아니다. 호남은 다른 지역과 별개의 목소리를 갖지 않는다. 그래서 중앙정치의 한가운데서 호남 유권자들의 명령을 빈틈없이 수행할 그런 일꾼이 필요하다.

　지난 8월 18일 더불어민주당 이재명 대표의 특별보좌역 임명장을 받았다. 나는 이 임명장이 공정과 실용주의라는 시대정신의 특보를 임명하는 것이라고 생각한다. 혁신하고 개혁하라는 순천 시민의 특보를 임명하는 것이라고 생각한다.

　나에게 임명장을 수여하고 당신은 검찰청으로 출석하러 가는 이재명 대표의 뒷모습을 보니 눈물이 났다. 그날 순천에서 있었던 한국지방자치학회 주관 행사 자리에 이낙연 전 민주당 대표, 이정현 전 새누리당 대표, 이상민 국회의원이 참석하여 서로 덕담을 주고받았다고 한다. 하필이면 당 대표가 검찰 권력으로부터 모욕을 당하는 그 날에 그랬다고 한다. 민주당, 호남, 김대중 대통령을 들먹였다고 한다. 세상을 거꾸로 돌리려 했다고 한다.

이제 정말 제대로 암행어사가 되어야겠다고 결심했다. 순천에서부터 민주당의 분열을 막고 국민에게 신뢰의 목소리가 나올 수 있도록 분골쇄신(粉骨碎身)하는 작은 거인이 되어야겠다고 결심했다.

순천 2석과 전입 운동

순천을 남부 수도권의 중심으로

아름다운 자연환경과 남쪽의 중심이라는 지리적 위치는 순천이 가지고 있는 커다란 잠재력이다. 세계최대 생태환경 도시로 성장해 누구나 살고 싶은 친환경적인 도시가 될 수도 있고, 현재의 교육적 인프라를 활용해 대한민국 교육의 중심이 될 수도 있고, 또 첨단 농업 기술을 유치해 세계적인 농업 도시가 될 수도 있다.

그뿐만이 아니다. 우리나라는 지나치게 중앙 수도권에 공적 자원이 집중되어 있다. 이에 호남과 영남, 제주까지 묶는 남부 수도권에 대한 필요가 대두되고 있는데 지리적으로 적합한 순천이 그 역할을 하여 지방 소멸을 막고 국토의 고른 발전을 만들어내는 중심이 될 수도 있다. 이것이 순천의 가능성이다.

하지만 이를 이루기 위해서는 정치적 힘이 필요하다. 순천이 대한민국 정치에 제 목소리를 내고 그만큼의 역할을 할 수 있어야 한다. 그래서 나는 올해 초부터 '국회의원 순천 2석 확보 및 인구증가를 위한 전입 운동'을 전개했다.

순천시는 여수시보다 인구가 많다. 순천은 27만 8천여 명이 살고 있고 여수의 인구는 그보다 4천여 명이 적다. 그런데도 국회의원 의석수는 여수가 2명인데 비해 순천은 사실상 1명이다. 순천시 해룡면의 지역구가 분리되어 광양·곡성·구례 쪽으로 합쳐졌기 때문이다. 왜 이런 일이 벌어졌을까? 지금의 선거 구획 확정은 이정현 국회의원 시절이었는데 그때 순천지역을 제대로 지켜내지 못했기 때문이다.

국회의원 2석을 요구하려면 최소인구 기준의 2배를 넘어야만 가능한 일이다. 2018년 총선 때 최소인구 기준은 13만 6,565명이고, 최대인구 기준은 27만 3,129명이었다. 이 기준으로만 보면 순천은 국회의원 2석 인구 기준에 충분히 도달했다.

하지만 소선거구제에 권역별 비례대표 등을 도입한다고 가정했을 때, 최소인구 기준이 늘어날 수도 있기에 인구수를 더 늘릴 필요가 있다. 그래서 순천시 인구증가를 위한 전입 운동을 급하게 주장한 것이다.

특히 대학생들과 청년들의 경우 순천 시내의 학교나 직장을 다니며 순천시에 거주하면서도 주소 이전을 하지 않은 경우가 꽤 있을 것으로 추측되었다. 순천 인구의 25% 정도가 청년들이다. 작은 도시이지만 대학이 3개나 있기 때문이다. 다른 지역 출신 청년들이라도 순천에 거주하면서 학교에 다니고 있다면 그들은 실제적인 순천의 자산이다. 그들의 힘을 합쳐 순천의 정치력을 키워야 한다. 그래서 선거구 인구수 확정 기준일이 되기 전에 순천시로 주소 전입을 적극적으로 권유하는 운동을 한 것이다. 순천시에도 전입자들에게 종량제 봉투 외에도 더 많은 인센티브를 줄 것을 요청했다.

・・・

지방의 인구 소멸을 막고 지역 균등을 이루는 길

지역발전에서 국회의원 의석수는 매우 중요하다. 재정자립도가 약한 지역일수록 더욱 그렇다. 국회의원 1명보다는 2명이 예산확보나 지역발전을 위해서도 유리할 것이다. 또 중앙정치에 나가서 순천의 목소리를 대변하는데에도 2명이 함께 하면 훨씬 더 힘 있을 것이다.

도시발전의 필수 요소는 인구증가이다. 순천시는 30여 년 전보다 꾸준히 인구가 증가해 호남 3대 도시로 성장해오다 최근 인구가 감소하고 있다. 이것은 위기다. 젊은이들의 일자리가 부족하기 때문일 것이다. 순천과 전남 동부지역의 정치력이 강한 응집력과 힘을 발휘하지 못하는 것도 도시 정체와 인구감소의 한 원인이 아닌가 싶다. 그런 의미에서 실제로 살고 있으면서도 주소 이전을 하지 않은 대학생들과 청년들 및 국민에게 순천시로의 전입신고를 간곡하게 호소해야 한다.

이 일은 특히 청년들에게 도움이 되는 결과를 가져올 수 있다. 만약 순천의 국회의원이 늘어난다면 의과대 설립, 순천지역 대학에 대한 정부의 지원, 순천지역대학 출신들의 사회진출 문제를 해결하는 데 큰 도움이 될 수 있기 때문이다.

무엇보다도 순천이 정치적으로 고립되지 않아야 지속 가능한 도시가 될 수 있고, 그래야만 순천의 경제, 사회, 문화적인 인프라가 확대될 수 있다. 사람이 많아야 더 많은 사람이 몰려오고, 그렇게 해서 살기 좋고 윤택한 지역을 만드는 것이다. 지역의 정치력을 키우는 것, 그것이 바로 인구 소멸을 막고 지역 균등을 이룰 수 있는 지름길이다.

4장. 암행어사의 희망

- 보편적 복지와 기본소득
- 북유럽 교육에서 배우는 보편적 복지
- 아이들이 행복해지는 교육

보편적 복지와 기본소득

복지는 모든 국민의 권리이다

　민생을 위한 정치는 할 일이 많다. 국가적 차원에서는 경제도 발전해야 하고 안보도 튼튼해야 하고 정치도 안정되어야 하는 거시적인 상황들이 고려되겠지만, 국민 개인의 차원에서는 결국 '걱정 없는 일상'을 보장해주는 것, 튼튼한 사회 안전망을 만드는 것이 민생정치일 것이다.

　그래서 민생정치에서 가장 중요한 것이 국가 복지이다. 그런데 복지를 이야기할 때 보수는 늘 선별적 복지를 주장한다. 세금을 들여서 하는 일이니 도움이 꼭 필요한 사람을 골라서 주자는 것이다. 또 국가가 무조건 도와주면 사람들의 노동 의욕이 상실될 수 있다고 우려한다.
　하지만 이런 주장은 복지에 대한 엄청난 오해에서 나온 것이다. 복지는 국가가 선심 쓰듯 국민을 도와주는 것이 아니다. 복지는 모든 사회 구성원이 평등하게 공유부에 대한 정당한 몫을 누리는 것이다. 그러므로 자격과 조건을 따로 두지 않고 모든 국민에게 제공되는 것이어야 한다. 이것이 보편적 복지의 원리이다. 이때 국가는 국민 공통의 자산 관리자일 뿐이다.

코로나 19라는 전 세계적인 위험이 닥쳤을 때 전 국민에게 재난지원금이 지급된 것도 그런 이유이다. 물론 코로나로 인해 일을 멈추어 경제적으로 힘든 사람이 있는가 하면, 그렇지 않은 사람도 있었다. 하지만 바이러스 공격이 주는 혼란 속에서 고통받지 않는 사람이 있었겠는가. 재난지원금은 국민이 어려움을 겪을 때 보편적 복지 시스템이 제 역할을 한 결과이다.

・・・

상생의 해법, 보편적 복지

보편적 복지는 특히 지금처럼 경제가 침체하고 부의 양극화가 심해져 중산층이 흔들리는 시대에는 더욱 필요하다. 가난해도 아이들 보육과 교육은 이루어져야 하고, 급식은 제공되어야 하며, 아플 때 병원에는 가야 한다. 이런 최소한의 사회 안전망이 있기에 버틸 수 있는 것이다. 그리고 우리가 선진국이 되기 위해서는 이러한 보편적 복지는 앞으로도 계속 확대해 나가야 한다. 그래야 국민이 국가를 신뢰해 열심히 일하고 열심히 세금을 낼 것이다.

그런데 윤석열 정권이 들어서며 이런 최소한의 사회 안전망조차 흔들리고 있다. 대기업의 세금을 깎아 경제를 살린다는 허황한 경제정책을 밀어붙이며 장시간 노동, 각종 보장 제도의 축소 및 복지 정책의 후퇴, 그리고 효율성을 내 건 민영화 정책 등 그 폐해가 너무 크다. 그야말로 양극화의 주범인 신자유주의 정책을 그대로 따르고 있다. 그 결과 경제성장의 이익은 대기업과 최상위층에 집중되고 말았다. 중산층은 몰락하고 경제 양극화는 더욱 심각해졌으며, 유례를 찾아보기 힘든 출생률 최저, 자살률 최고의 나라가 되어가고 있다.

보편적 복지가 가능하기 위해서는 세금을 많이 걷는 것이 가장 중요하다. 많이 버는 사람은 많이, 조금 버는 사람은 조금 내어 모두가 혜택을 받자는 공정의 가치가 보편적 복지이다. 그러나 지금의 정권은 철저하게 재벌의 이익만 대변하고 있다. 또 재벌과 상위층들은 자신의 부가 온전히 자신의 힘으로만 이루어낸 것이라고 착각한다. 그래서 복지의 혜택을 받을 필요가 없는 자신들이 돈을 사회에 환원하는 것이 아깝다. 선별적 복지를 주장하는 이면에는 바로 이런 꼼수가 숨어 있는 것이다.
　이것은 자기들만의 리그에서 부를 영속하고 싶은 추악한 욕망이다. 중산층이 몰락하고, 서민들의 삶이 무너지면 과연 그들의 부가 언제까지나 안전할 수 있을까?

기본소득국민운동 서울본부
온라인 출범식 및 토크콘서트

온라인 출범식 ▼

2021.3.1.(월) 오후 2시
서울특별시의회 의원회관 2층 제2회의실
(덕수궁 돌담길 쪽)

1부 : 온라인출범식
2부 : 토크콘서트
　　　패널 . 장경태 국회의원(더불어민주당)
　　　　　　용혜인 국회의원(기본소득당)

주최 : 기본소득국민운동서울본부, 기본소득국민운동본부

기본소득은 가장 훌륭한 경제정책이다

　중산층과 서민이 몰락하면 기업과 재벌들의 이익도 몰락할 수밖에 없다는 생각에서 탄생한 것이 바로 '기본소득'이다. 기본소득은 이재명 대표가 성남시장과 경기도지사로 있으며 '청년기본소득'과 같은 방식으로 부분적으로 현실화시킨 바 있다. 이재명 대표는 기본소득이야말로 빈부격차를 줄이고 경제 정의를 이룰 해결책이라고 강하게 말한다. 그리고 내 생각도 그렇다. 장기적으로 보편적 복지는 보편적 기본소득으로 나아가야 한다.

　기본소득이란 '일체의 조건을 부과하지 않고 모두에게, 개인 단위로, 정기적으로, 지급되는 현금 급여'를 의미하며 지급의 주체는 국가이다. 우리에게는 코로나 19를 겪으며 최근에서야 등장한 개념 같지만, 사실 기본소득의 역사는 오래되었다. 많은 학자와 정치인, 그리고 일반 시민이 기본소득의 실현을 위해 그동안 노력해왔다.

　또 기본소득이 먼 이야기처럼 들릴 수 있지만 코로나로 인한 긴급 재난지원금, 경기도의 청년 배당, 부모급여, 보육료 지원, 아동수당, 그리고 노인들의 기초연금 등 우리나라에서도 한시적으로 또는 특정 연령층에서 이미 시행되고 있다.

　기본소득을 반대하는 사람들의 이유는 재원 확보를 어떻게 하느냐 하는 것과 '놀고먹는 것'이 나쁜 것이라는 인식 때문이다. 하지만 나는 그것은 기우일 뿐이라고 생각한다. 재원은 세금을 잘 걷으면 되는 것이고 '놀고먹겠다는 것'이 아니라 최소한의 인간다운 삶을 사회가 보장해 노동의 효율성을 높여주자는 것이다. 그들의 생각과 달리 보편적 기본소득은 4차 산업 혁명의 시대에 가장 필요한 경제정책이 될 수 있다고 전문가들은 말한다.

첫째, 기본소득은 소비 활성화와 경기 부양 효과가 있다. 모든 시민에게 일정한 소득을 주면 소비력이 향상하고 이는 생산 활동을 촉진해 경기를 부양할 수 있다는 것이다. 특히 다가오는 AI 시대에는 이 문제가 정말 중요하다. 코로나 사태 이후 예상보다 더 빠른 속도로 AI 시대가 다가왔다. AI 시대가 본격화되면, 현재 인류가 상상도 하지 못할 규모의 실업자가 발생할 것이고, 극빈층이 늘어날 것이며 부의 양극화는 더욱 심해질 것이다. 문제는 여기에서 끝나지 않는다. 기술발전으로 기업의 생산력은 극대화되겠지만, 기업이 생산한 물건을 살 사람이 사라지게 되는 것이다. 그렇게 되면 기업이 살아남을 수 있을까?

따라서 시장경제를 유지하려면 소비력을 가진 층이 필요하다. 일종의 소비노동력인 셈이다. 국가가 기본소득을 지급한다면 시장경제도 유지하고 소비자의 삶도 지속할 수 있다. 또 이를 통해 자생력을 확보하여 새로운 분야의 노동자로 다시 활동할 수도 있다. 이렇게 기본소득은 빈곤층을 도와주는 단순한 구호품이 아니라 미래를 준비하는 경제정책이다.

둘째, 기본소득은 복지제도가 가지고 있는 한계를 보완할 수 있다. 아무리 촘촘하게 복지 시스템을 마련한다고 해도 거기에서 빠지는 계층들이 있다. 예를 들면 급여근로자가 아닌 사람들이 받을 수 없는 혜택 같은 것이다. 그런데 개인에게 현금으로 지급하면 저마다 다른 명목으로 자신의 어려움을 해결할 수 있는 것이다. 이렇게 기본소득은 사회의 안전망을 강화하고 사회 불평등 문제를 해결할 수 있는 잠재력을 가지고 있다.

셋째 창조경제와 혁신성장에 긍정적인 영향을 줄 수 있다. 가난한 사람에게는 당장 생계비가 되겠지만 그렇지 않은 경우에도 개인들이 필요로 하는 교육, 자기계발 등에 사용하여 다양한 분야에서 창조성을 발현하고 새로운 창업을 준비할 수 있는 계기를 마련해 줄 것이다. 이는 지식기반 경제 구축과 혁신성장에 도움이 되는 긍정적 효과를 가져온다.

...

순차적 기본소득으로 나아가기

물론 기본소득을 정착시키기 위해서는 사회 내부의 충분한 합의와 철저한 검증 과정이 필요할 것이다. 하지만 포용력 있는 사회구조를 만들어가고 경제를 발전시키는 데 꼭 필요한 정책이기에 그 논의를 멈추어서는 안 된다고 생각한다. 무엇보다도 기본소득은 부를 재분배하고 약자의 힘을 강하게 해주는 공정의 수단이자 가장 훌륭한 민생정책이다.

지금 당장 힘들다면 순차적으로 하면 된다. 그것이 선별복지보다 더 빠르고 효과적이다. 사회적 기반이 없는 청년들을 위한 '청년 기본소득'이나 식량 안보를 지키기 위한 '농어촌 기본소득' 같은 것은 당장이라도 실행해야 한다. 지금 만들어 놓은 보편적 복지 시스템은 그대로 강화하면서 순차적인 기본소득 정책에 합의해 나간다면, 언젠가는 모든 국민이 국가라는 울타리 안에서 보호받으며 인간다운 삶을 살게 될 것이다. 그것이 국가의 의미이다.

북유럽 교육에서 배우는 보편적 복지

학생들이 행복한 나라

서울시의회 교육위원회에서 활동 중이던 2015년에 나는 노르웨이 등 북유럽 국가로 해외연수를 다녀왔다. 여러 학교를 방문하고 각 나라의 교육제도를 살펴보는 연수이다. 말로만 익히 들었던 북유럽 국가들의 우수한 교육환경을 직접 가서 보니, 왜 교육이 국가 복지의 영역이어야 하는지 그 이유를 절실히 깨달을 수 있었다. 그리고 행복한 그 나라 학생들의 모습과 대비되는 우리 교육의 현실이 떠올라 정치인으로서 무거운 책임감을 느끼지 않을 수 없었다.

노르웨이 오슬로에는 쿠벤직업학교가 있는데 정말 인상적이었다. 이 학교는 고등학생 1600명과 고등학교를 졸업한 20~24세 청년 400명이 재학 중이다. 대부분 건축과 기계, 자동차, 미용 등 다양한 직업교육을 받고 있다. 교육은 실습 위주로 진행되는데, 학교는 이를 위해 대규모 예산을 투입해서 실제 공장이나 건축 현장과 똑같은 시설을 갖추고 있었다. 그래서인지 대부분 졸업 후에 바로 취업을 한다고 한다.

놀라운 것은 이 모든 교육이 무료라는 점이다. 노르웨이는 직업학교에 국가 예산을 투입해 무상교육을 시행함으로써 취업을 원하는 학생이나 실직자를 적극적으로 지원하고 있다. 또 학생에 대한 그 어떤 강압도 없다. 일례로 몇 달간 학교를 나오지 않아도 퇴학을 시키지 않는다. 대신 1~2년 정도 학교를 더 다니게 한다. 학교로 다시 돌아오는 학생에게 조금 오래 걸리더라도 사회에 진출할 기회를 제공하는 것이다.

스웨덴은 직업고등학교와 인문계 고등학교의 비율이 7대3 정도이다. 최근 들어 인문계가 약간 늘고 있긴 하지만, 여전히 직업학교 비율이 훨씬 높다. 직업학교를 졸업하면 대부분 취업이 되기 때문이다.

스웨덴도 대학원까지 모든 과정이 무상교육이다. 다만 스웨덴은 실용주의 교육을 하고 있어서 우리나라처럼 고학력에 대한 집착이 없는 편이다. 그래서 대학 진학률이 30% 정도에 불과하다. 대신 고등학교 졸업 후 취업하고 나서도 평생교육을 통해 언제든지 대학에 진학할 수 있다고 한다.

대기업과 중소기업의 월급 차이가 없다는 것도 대학 진학률이 낮은 이유 중 하나다. 회사 규모만 차이가 있을 뿐 기술이 같으면 월급도 같다고 한다. 국가 차원에서 '동일노동 동일임금'을 관리하고 있어서이다. 당연히 정년도 보장된다. 그래서 직업학교에서 기술을 배워 취직하는 것이 자연스럽고 우리처럼 중소기업이라고 해서 꺼릴 이유도 전혀 없다.

일반적으로 북유럽 학생들은 중학교 때 자신들의 진로를 결정한다. 공부를 좋아하는 학생은 인문계 고등학교와 대학에 진학하고, 그게 아닌 학생은 직업학교에 들어가서 기술을 배우고 졸업과 동시에 사회생활을 한다. 북유럽은 고졸 취업자가 50~70%고, 대학 진학률은 30~50% 수준이다. 모두가 대학에 가는 게 아니다 보니 입시학원이나 사교육은 거의 찾아볼 수 없다.

오직 대학만이 목표인 우리 교육

　나는 우리나라의 교육현장을 떠올려 보았다. 초등학교 1학년부터 고등학교 3학년까지, 우리 학생들은 '대학'이라는 오직 한 가지 목표를 향해 달려간다. 왜 모두가 대학을 가야 하는 것일까? 저마다의 꿈을 이루는데 대학공부가 꼭 필요할까? 자기의 소질과 적성에 맞는 일을 하며 성실한 사회구성원으로 살아가는 데 대학 졸업장이 꼭 필요할까?
　그것은 아닐 것이다. 대학은 전문적인 공부가 필요한 경우에 가야 한다. 공부를 좋아하는 아이들만 가면 된다. 우리의 삶에서 배움이 계속되어야 한다면 취업의 관문으로서 대학이 아니라 평생을 두고 자신이 원하는 배움을 실현할 수 있는 평생 학교가 더 필요할 것이다.
　우리나라는 노동력의 가치를 오직 '학력'에 두고 있다. 최종 학력이 무엇이냐에 따라, 어떤 대학을 나왔느냐에 따라 취업 기회가 달라지고 연봉이 달라지기 때문에 모두가 대학을 가려고 하는 것이다. 그런데 이것은 결국 서열을 매기는 일이다. 당연히 승자보다 패자가 더 많이 나올 수밖에 없다. 1등을 제외한 모두에게 패배감을 안겨주는 제로섬 게임이다. 입시지옥은 배움의 참된 의미를 퇴색시키고 아이들 고유의 개성과 재능을 폐기하는 끔찍한 결과를 가져올 뿐이다.

• • •

교육문제 해법은 보편적 복지

　어떻게 해야 우리 아이들이 행복하게 미래를 준비할 수 있을까. 여러 가지 방법이 있겠지만 결국 보편적 복지가 근본적인 해결책이라는 것이 나의 결론이다. 국가가 복지를 통해 미래를 보장한다면 우리 아이들이 굳이 대학을 선택하지 않아도 되고, 불필요한 입시 경쟁으로 인생의 시간을 낭비하지 않아도 되기 때문이다. 그 소중한 시간을 입시가 아닌 다양한 공부와 체험에 쓸 수 있고 그래서 더 풍요로운 삶을 준비할 수 있기 때문이다.

　핀란드는 소득이 없는 국민에게 매달 100만 원 정도의 생계비를 준다. 일하지 않아도 최소한의 생존이 가능하다. 죽도록 공부하지 않아도, 죽도록 일하지 않아도 최소한 먹고는 살 수 있다. 이게 보편적 복지다.

　그런데 이런 말을 하면 꼭 나오는 이야기가 있다. 너무 이상적인 이야기라고, 정말 그렇게 퍼주다 보면 나라 살림이 금세 바닥나서 망할지도 모른다고, 일 안 해도 돈을 주면 아무도 일하지 않으려고 할 거라고 말한다.

　실제로 윤석열 대통령은 후보 시절 노동자들이 주 120시간이라도 일할 수 있어야 한다고 말했고, 취임 후 노동시간 연장 정책을 추진하려고 한다. 그것이 '일할 자유'란다. 정말 어처구니없는 말이 아닐 수 없다. 그동안 국민이 엄청난 노동력을 들이부어 이 정도의 경제성장을 이루었다. 이제 그 성과를 국민에게 되돌려 주어야 한다. 언제까지 국민을 일개미로 취급할 것인가. 지금 중요한 것은 장시간 노동이 아니라 워라벨(work-life-balance)을 통한 삶의 질을 높이는 것이다.

그렇다면 핀란드처럼 최소의 생계비를 국민에게 지급하면 정말 경제가 망하게 될까? 사람들이 일하지 않으려고 할까? 그것은 아니다. 만약 그랬다면 핀란드라는 나라는 이미 사라지고 없었을 것이다.

북유럽 국가들이 보편적 복지를 실현할 수 있는 이유는 그만큼 세금을 많이 거두기 때문이다. 많이 버는 사람에게 세금을 많이 걷어서 못 버는 사람에게 나눠주는 것이다. 그렇게 돈을 받는다고 해서 그들이 마냥 놀기만 하는 것은 아니다. 인간은 꼭 생계를 위해서만 일이 필요한 것이 아니다. 자신의 삶을 보다 가치 있게 만들기 위해, 꿈을 실현하기 위해 일을 찾으려 한다. 그럴 때 찾는 일이야말로 가장 적성에 맞는 일이며 창의적인 일이다.

사회 안전망이 갖춰진 사회에서는 무한경쟁으로 남을 밟고 올라서설 필요가 없다. 부와 명예와 권력을 가질 수는 없지만, 소시민으로서 자기의 삶을 재미있게 살아갈 수 있다. 노동시간을 줄이면서 충분히 질 높은 삶을 사는 것이다.

보편적 복지가 실현되면 당연히 죽기 살기로 대학에 갈 필요가 없다. 꼭 필요한 사람만 대학에 가고, 기술고등학교나 특성화고만 졸업해서 바로 취직하면 된다. 불필요한 사교육이 없어지고, 불필요한 대학도 사라진다. 그 돈을 아껴서 노후도 준비하고 주택도 마련한다. 자살도 왕따도 사라질 것이다. 얼마나 좋은가. 이것이 우리 사회의 심각한 문제인 교육문제를 해결하는 방법이고, 우리 아이들의 행복한 미래를 만드는 방법이다.

아이들이 행복해지는 교육

공교육을 살리는 혁신학교

나는 서울시의회 교육위원장 경력이 있으므로 의정활동 하는 동안 교육에 대한 고민을 많이 할 수밖에 없었다. 꼭 그 때문이 아니더라도 나 역시 자식을 키우는 부모의 한 사람이고, 무엇보다도 교육은 정치가 해결해야 할 가장 중요한 문제이기 때문에 정치인이 교육에 대해 깊게 고민해야 하는 것은 당연한 일이다.

교육위에서 활동하던 2010년대에 우리나라 교육계에는 '혁신학교'가 공교육의 대안으로 급부상했다. 진보 성향 교육감들의 전폭적인 지지를 받으며 전국적으로 혁신학교 바람이 분 것이다.

그런데 최근 들어 혁신학교에 대한 회의적인 시각이 늘며 어느새 사양길에 접어들고 있는 분위기이다. 지금의 입시제도가 유지되는 한 학력

저하에 대한 우려가 가장 큰 이유이지만, 그 이면에는 보수성향 교육감이 당선되며 이전의 혁신 정책들에 대해 비판적 입장인 이유가 크다.

'교육은 백년지대계'라고 했는데 정권이 바뀐다고, 교육감이 바뀐다고 마치 유행처럼 교육정책이 생겨나고 사라지는 것이 너무 안타깝다. 무엇보다도 위기에 빠진 공교육을 살리고 우리 아이들이 행복하게 성장할 방법을 찾아야 한다. 그래서 여기에 지난 시절 혁신학교에 대해 생각했던 것들을 다시 정리해보려고 한다. 혁신학교의 취지가 무엇이었는지 다시 되새겨보고 진행 과정에서 생겨났던 문제들이 있다면 어떻게 개선해야 하는지 모색하는 것이 혁신학교를 넘어서 미래의 교육을 준비하는 일이기 때문이다.

혁신학교는 공교육의 획일적인 교육과정에서 벗어나 창의적이고 주도적인 학습능력을 향상하기 위한 새로운 학교 형태를 말한다. 강의식 교육이 아니라 배움 중심 교육을 지향하며 토론 수업, 프로젝트 수업, 모둠 수업 등 다양한 방식으로 수업을 진행하는 것이 특징이다. 이를 통해 교과과정과 수업방식의 혁신, 학교운영의 혁신 등 다양한 변화를 꾀하고 공동체 문화를 활성화하고자 하는 것이다.

2001년 남한산초에서 시작된 새로운 학교 만들기 운동이 2009년 경기도 혁신학교 정책으로 제도화되었다. 이후 전국적으로 확산하면서 혁신학교 정책은 다혼디배움학교(제주)· 행복씨앗학교(충북)· 행복나눔학교(충남)· 행복학교(경남)· 빛고을학교(광주)· 행복더하기학교(강원)· 다행복학교(부산)· 창의인재학교(대전) 등 다양한 이름으로 지역별로 운영되고 있다.

명칭이 지역마다 다르더라도 혁신학교가 지향하는 가치와 추진과제 등은 큰 차이가 없다. 공통적으로 공공성· 민주성· 창의성 등의 가치를 추구하고, 전문적 학습공동체 활성화· 민주적 의사결정· 배움 중심

수업·창의적인 교육과정 운영·생활공동체·지역사회와의 협력 체제 등을 추진과제로 제시하고 있다. 그래서 이러한 가치와 추진과제를 잘 수행하는 학교를 혁신학교라고 평가한다.

물론 혁신학교에 대해 걱정의 눈빛을 보내는 사람들도 있다. 중간고사를 안 보면 아이들 입시는 어떡하느냐고 걱정하는 학부모들도 있고, 전교조가 주장했다는 이유로 무조건 나쁘게 보는 사람들도 적지 않다.

하지만 현재의 입시 위주 교육이 나는 더 걱정이다. 1등이 아니면 낙오자가 되고, 성적을 비관해 자살을 택하는 아이들이 점점 늘고 있는 현실이 아프다. 모든 것을 단번에 해결할 수는 없겠지만 혁신학교가 현재 우리가 할 수 있는 가장 나은 선택이라고 나는 생각한다.

혁신학교 정책은 계속되어야 한다

　혁신학교 도입은 여러 가지 면에서 우리 교육에 긍정적인 영향을 주고 있다. 대학 입시만을 목표로 설계된 획일적인 교육과정에서 벗어나 교육의 본질에 집중하고 있다는 점을 가장 큰 변화로 꼽을 수 있다.
　우리는 학교에서 많은 것을 배우지만, 실제로 그것이 진정한 배움인지 생각해보아야 한다. 아이들에게 지식을 제공하는 것이 중요한 것이 아니라 스스로 질문하고 탐구하고 문제를 해결할 수 있는 사고력을 키워주어야 한다. 더군다나 지식과 정보가 넘쳐나는 시대에는 많은 지식을 암기하는 것보다는 지식과 지식을 융합하고 창의적으로 해석해낼 수 있는 능력이 필요하다.
　그런데 여전히 우리 학교는 과거의 부모들 세대가 공부했던 방식 그대로 시험 문제의 정답을 찾는 암기식, 주입식 교육이 이루어지고 있는 실정이다. 그렇게 습득된 지식은 정작 아이들이 사회생활 하는 데 아무 짝에도 쓸모없는 것들이 대부분이다. 그런 지식을 외우느라 인생에서 가장 중요한 청소년기를 우울하게 보낸다는 것 자체가 낭비이다.
　또 공동체 생활에서 중요한 것은 점수나 지식이 아니라 감성이다. 다른 사람을 배려하고 소통하고 더불어 살아가는 방법을 알아야 한다. 우리는 이것을 인문학이라고 부른다. 그런데 학교 공부에서는 이것이 빠져 있다. 국어 과목에 의사소통이 없고, 도덕 과목에 존중과 배려가 없으며, 사회 과목에 공동체 정신과 인성이 빠져 있다. 당장 내 친구와 갈등이 생겼을 때 어떻게 해야 할 것인지조차 답을 찾지 못하는 경우가 많다.

혁신학교는 이 빈틈을 메우는 역할을 하고 있다. 획일적인 교육에 대한 자각과 반성으로 출발한 만큼 입시 위주의 교육 때문에 놓쳐버린 진짜 공부를 채워 넣는 것을 목표로 한다. 우리 아이들에게 소통과 배려, 공동체 정신과 인성을 제대로 가르치자는 것이다.

물론 그 전부터 대안학교 형태로 혁신 교육이 시도됐다. 하지만 대안학교는 말 그대로 대안일 뿐이다. 게다가 소수 아이들에게만 기회가 주어진다. 반면 혁신학교는 다수 아이들에게 진짜 공부를 할 기회를 제공한다. 점수 올리는 교육이 아니라 아이들 각자의 개성을 살리는 행복한 교육, 성적으로 줄 세우는 교육이 아니라 더불어 살아가는 공동체 교육, 병든 사회에 순응하는 교육이 아니라 병든 사회를 고치는 희망의 교육을 만들어갈 수 있다. 이것이 혁신학교 정책이 계속 확장되어야 하는 이유이다.

...

한 아이를 키우려면 온 마을이 필요하다

혁신 교육은 학교 안에서만 이루어지는 것이 아니다. 내가 사는 마을이 곧 학교가 되는 열린 교육이 우리에게도 필요하다. 지난 2012년부터 시작된 '서울형혁신교육지구' 사업은 그 좋은 예가 될 수 있다. 안타까운 것은 오세훈 시장이 취임한 후 갑자기 이 사업에 대한 예산을 대폭 삭감해 버려 난항을 겪고 있다는 것이다.

'서울형혁신교육지구'는 마을에 교육생태계를 조성해 공교육을 혁신하는 지역교육 사업을 말한다. 혁신학교와 지역공동체가 유기적으로 결합한 모델이라고 생각하면 쉽다.

구체적으로 학급당 학생 수를 25명 이하로 줄여 학교와 마을을 연계한 방과 후 교육을 확대하고, 일반고에 진로와 직업교육을 지원하고, 학생들이 자기 주도적 프로젝트를 진행할 수 있도록 다양한 지원을 한다. 학교와 마을 공동체와 지역의 중소기업들과 정부 기관이 유기적으로 협력함으로써 학생들이 다양한 영역에서 자신의 소질과 능력을 발견하고 이를 최대한 발휘할 수 있는 교육 토대를 만들어가는 것이다.

지금의 입시 위주의 교육은 사회적 비용에 비해 교육적 효과나 학생들의 행복지수가 매우 낮다. 우리 사회에 필요한 직업 대부분은 고등학교만 졸업해도 할 수 있는 일인데, 학생들은 대부분 대학에 진학한다. 대학에 가서도 전공대로 직업을 선택한 사람은 소수에 불과하다.

또 지금의 학교 교육은 여러 과목의 교과 수업을 진행하면서도 정작 지역사회의 다양한 인프라를 제대로 활용하지 못하고 있다. 학교라는 공간에만 머물며 대학에 가기 위한 공부만 하다 보니 학생들의 창의성과 다양한 능력이 발현될 기회가 적다. 이러한 현상은 학교를 입시기관으로 전락시켜 학생들의 소통을 단절시키고, 더 나아가 세대 간의 소통까지도 단절시키는 악영향을 초래하고 있다.

마을학교 인기 과목, 진로직업체험 교육

'한 아이를 키우려면 온 마을이 필요하다'라는 옛말이 있다. 미래의 바람직한 교육은 학생들이 교사뿐만 아니라 마을 주민, 학부모, 다른 학교 친구들, 그 밖의 다양한 구성원들로부터 배움을 얻을 수 있는 교육이어야 한다. 학교는 다양한 교육 구성원들이 함께 소통하고 공감하고 협력할 수 있는 열린 공간이 되어야 한다.

이런 요구들을 하나로 모은 것이 바로 '서울형혁신교육지구' 사업이다. 입시 위주 교육에서 벗어나 학생들이 학교에서, 마을에서, 그리고 지역 기업에서 필요한 것들을 배우는 새로운 교육 모델인 셈이다. 그중에서도 학생들에게 가장 인기가 높은 프로그램은 단연 진로직업체험이다.

진로직업체험은 학생들에게 자신의 진로와 직업 목표에 대해서 구체적으로 고민할 기회를 제공하는 프로그램이다. 학교에서 아이들이 희망하는 직업을 받아서 건네주면 구청이 지역사회와 연계해 직업체험을 할 수 있도록 해주는 것이다. 나도 몇 번 학생들을 따라 직업체험 현장을 가봤는데, 확실히 교실보다는 생동감이 넘쳤다.

교사들도 열정이 넘쳤다. 지금까지 일방적으로 가르치기만 하다가 혁신학교 이후 아이들과 소통하며 새로운 것을 배워나가는 것이 교사에게도 큰 즐거움이자 보람이기 때문이다.

하지만 진로직업체험 교육이 활성화되려면 해결해야 할 과제가 많았다. 우선 지도교사에 대한 지원이 필요하다. 아이들을 잘 지도하기 위해서는 교사가 지도의 전문적인 방법을 알아야 하기 때문이다. 교육부 차원에서 혁신학교와 관련한 교사연수 지원을 확대하고, 진로직업체험 교육을 체계적으로 담당할 전담교사를 확충할 필요가 있다. 학생들의 진로직업체험 교육 시간을 교과과정으로 의무화하는 것도 방법이 될 수 있을 것이다.

또 학생들이 체험할 수 있는 일터 발굴과 관리도 체계화해야 한다. 아직 사회적 인식이 부족하다 보니 회사나 일터에서 아이들의 방문을 꺼리는 경우가 제법 있다. 한창 바쁜 시간에 아이들이 이것 저것 물어

보면 귀찮기도 하고, 업무에 방해가 되기도 할 것이다. 대기업은 홍보 차원에서 자발적으로 하기도 하지만, 중소기업이나 자영업장 같은 경우는 심리적으로나 경제적으로 아이들에게 일터를 기부할 이유가 없어서 못 하는 경우가 많다.

이런 문제를 해결하려면 일터 기부를 하는 곳에 일정 정도의 혜택을 주는 방안을 고려해봐야 한다. 아이들의 진로직업체험을 위해 문을 열어주는 곳에 세제 혜택이나 인센티브를 주는 것도 좋은 방법이 될 수 있다.

아무리 좋은 정책도 예산과 인력이 투입되지 않으면 좋은 성과를 거두기 힘들다. 아이들의 더 나은 미래를 위해서는 혁신학교와 진로직업체험 교육에 지금보다 더 많은 지원이 필요하다.

교육은 시민사회 전체의 일이다. 정부가 일관된 정책을 만들어 지원하고 학교와 지역사회, 교사와 시민들이 힘을 합쳐 우리 아이들의 행복한 미래를 만들어가야 한다.

저마다 다른 지능을 가지고 태어난 아이들

솔직히 나는 왜 모든 사람이 대학에 가야 하는 건지 잘 모르겠다. 지금의 학교 교육이 입시 위주가 된 건 좋은 대학에 들어가는 것만이 행복하게 살 수 있는 유일한 길이라고 믿기 때문일 것이다. 하지만 모든 사람이 공부에 뜻이 있는 것도 아니고, 명문대에 들어간다고 행복해지는 것도 아니다.

미국의 심리학자 하워드 가드너가 제시한 다중지능이론에 의하면, 인간에게는 공부에 필요한 지능 외에도 다양한 지능이 있다고 한다. 그리고 그 지능들은 우열을 따질 수 없는 것이라고 한다. 예체능에 뛰어난 사람, 외국어 능력이 탁월한 사람, 공간 지능이 뛰어난 사람, 사람의 마음을 읽고 소통하는 능력이 최고인 사람 등 각자가 다르게 타고난 지능이 있다는 것이다.

그런데 우리 교육은 아이들의 저마다 다른 지능을 공부라는 틀에만 묶어두고 무조건 똑같은 시험을 봐서 대학에 가야 한다고 말한다. 성공하려면 수학 공식을 외우고 영어단어를 외워야 한다고 강요한다. 그리고 점수가 안 나오면 '패배자' 취급을 하며 코너로 몰아세운다. 모두가 1등이 될 수 있는 길이 있는데 오직 한 명의 1등만을 만들어내는 것, 이것이 지금 우리나라 교육의 현실이다.

유럽 선진국의 경우 초등학교 5학년 때 자신의 진로와 직업 적성을 찾아 인문계로 진학할 것인지, 직업학교에 갈 것인지를 결정한다. 물론 다시 4년 후에 선택을 번복할 수 있다.

유럽은 인문계고와 직업고등학교 비율이 3대 7이다. 참으로 합리적이다. 사회의 직업 분포에 맞게 학교의 비율이 맞춰져 있는 것이다. 졸업만 하면 대부분 취업이 되고, 대기업과 중소기업 간 임금 격차도 거의 없다. 대학 졸업자와의 임금과 승진 차이는 4년만 지나면 동등한 조건으로 경쟁할 수 있다. 그러니 모든 사람이 대학에 들어갈 필요가 없다. 학문 연구에 뜻이 있는 사람은 대학에 들어가고, 그렇지 않은 사람은 고등학교 졸업과 동시에 바로 현장에서 관련 기술을 연마하면 된다.

• • •

학력 과소비 해결은 취업 명문고등학교로!

나는 우리의 교육도 이 방향으로 가야 한다고 생각한다. 예를 들면 특성화고등학교나 마이스터 직업학교를 더 많이 확대하고, 인문계 고등학교와 대학의 숫자를 대폭 줄이는 것이다. 그리고 그 전에 선행되어야 할 것은 학력 중심에서 능력 중심으로 인재를 선발하는 기업들의 변화와 학벌에 대한 사회적 편견을 없애려는 사회적 자정 노력이다.

우리나라는 학력 과잉이 아이들을 불행하게 만들고 있다. 불필요한 공부에 개인과 사회가 굉장한 낭비를 하고 있는 것이다. 이런 학력 과잉으로 이익을 본 것은 대학과 사교육 관계자들뿐이다.

기계, 자동차 정비, 디자인, 미술, 음악, 체육, 요리, 만화, 콘텐츠, 게임, 의류 등 우리 사회의 굵직한 전문 분야들은 사실 책상 공부보다 현장실습이 훨씬 중요하다. 직업체험은 아이들에게 인생의 꿈을 생생하게 보게 하는 살아있는 공부다. 자신의 재능 발견도 책상 앞에서보다는 현장에서 훨씬 더 빨리할 수 있다. 학생들의 직업 체험교육이 지금보다 훨씬 확대되어야 하는 이유이다.

입시 위주의 교육을 벗어나기 위해서 단계적인 시도들이 필요하다. 단기적으로는 특목고의 우수선발권을 제한하고 평준화를 확대해야 한다. 중기적으로 복지 확대와 안정된 일자리 나누기가 필요하다. 그리고 장기적으로는 대학을 줄이고 고교과정에 직업기술학교 확대가 필요하다.

물론 학교 현장은 하루아침에 바뀌기 힘들다. 특정 직업군이 사회의 부와 명예, 권력을 독점하고 있는 것이 현실이고, 이런 승자독식 사회에서 부모가 자녀에게 국·영·수를 강조하는 건 당연한 일이다.

하지만 우리 아이들이 살아갈 미래를 좌우할 교육 개혁 문제를 미룬다면 우리는 세계 시장에서 능력을 겨룰 인재를 얻지 못해 국가 경쟁력에 심각한 위기가 올 것이다. 그것보다 더 중요한 것은 불평등과 갈등이 만연한 사회에서 불행한 삶을 살아야 할 것이다.

윤석열 대통령은 교육의 구조적인 문제를 숙고하는 대신 당장에 치러야 할 수능시험 문항의 난이도를 지적하고 관계자들을 경질하고 급기야는 사교육의 카르텔을 손봐야 한다고 으름장을 놓고 있다. 국가의 지도자로서 지혜는 고사하고 품격이라도 기대하는 것은 무리일까. 참으로 개탄스럽다.

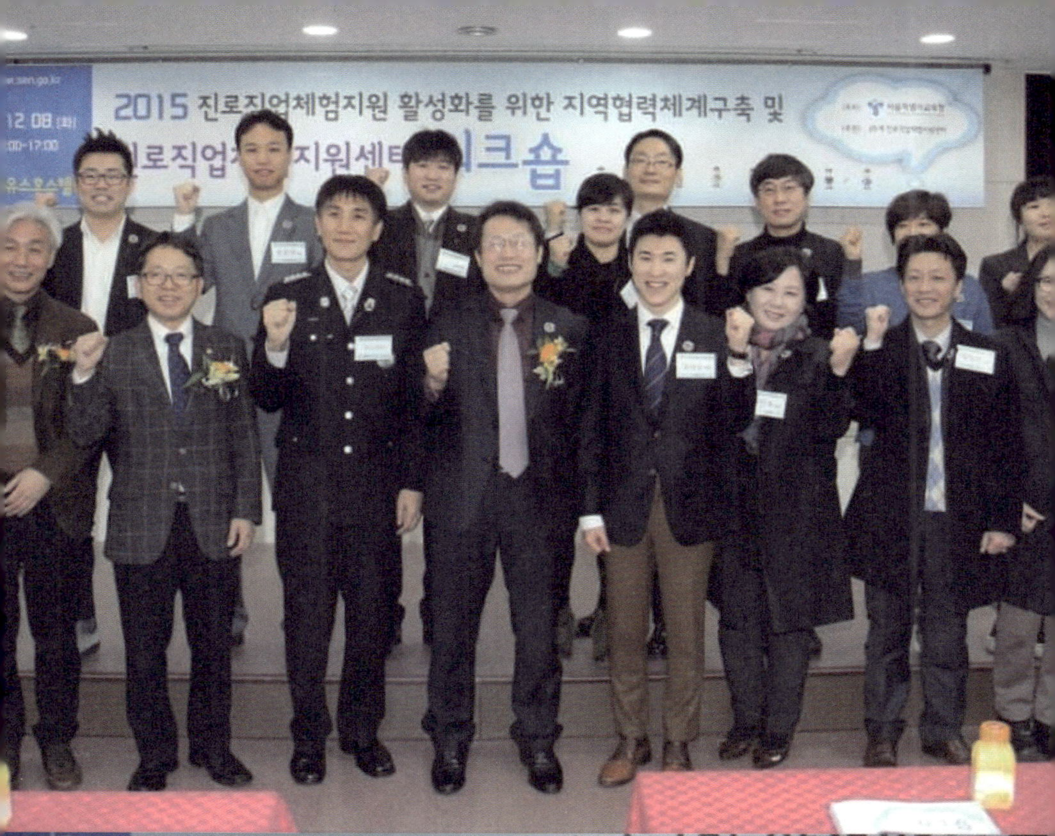
2015 진로직업체험지원 활성화를 위한 지역협력체계구축 및

2015 진로직업체험지원
진로직업체험지원센터

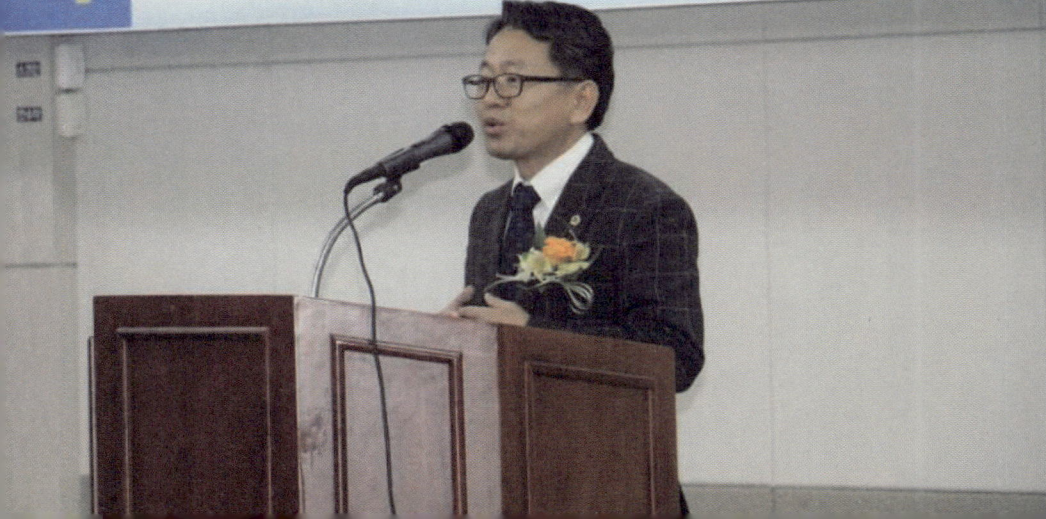

암행어사 출두요!

2023년 10월 27일 초판 발행

저자　김문수
편집　아람
기획　박선주
출판사　온(溫)출판
주소　경기도 고양시 일산서구 주엽로80 고양일산호수공원
　　　가로수길 2층 D213호
전화　031-904-5234
출판등록　2018년 01월 23일(제2018-000020호)
정가 17,000원
ISBN 979-11-93531-00-6

＊ 이 책은 저작권법에 따라 보호받는 저작물이므로 무단전재와 무단복제를 금지하며, 이 책 내용의 전부 또는 일부를 이용하려면 반드시 저작권자와 온출판의 서면동의를 받아야 합니다.
＊ 책값은 뒤표지에 표시되어 있습니다.
＊ 잘못 만들어진 책은 구입하신 곳에서 바꿔드립니다.